心一堂術數古籍珍本叢刊

書名：《談氏三元地理大玄空實驗》附《談養吾秘稿奇門占驗》
系列：心一堂術數古籍珍本叢刊　堪輿類　無常派玄空珍秘　第二輯　209
作者：【民國】談養吾撰
主編、責任編輯：陳劍聰
心一堂術數古籍珍本叢刊編校小組：陳劍聰　素聞　鄒偉才　虛白盧主

出版：心一堂有限公司
通訊地址：香港九龍旺角彌敦道六一〇號荷李活商業中心十八樓〇五—〇六室
深港讀者服務中心·中國深圳市羅湖區立新路六號羅湖商業大廈負一層〇〇八室
電話號碼：(852)67150840
網址：publish.sunyata.cc
電郵：sunyatabook@gmail.com
網店：http://book.sunyata.cc
淘寶店地址：https://shop210782774.taobao.com
微店地址：https://weidian.com/s/1212826297
臉書：https://www.facebook.com/sunyatabook
讀者論壇：http://bbs.sunyata.cc/

版次：二零一八年五月初版
平裝

定價：港幣　一百八十八元正
新台幣　七百五十元正

國際書號：ISBN 978-988-8316-77-9

香港發行：香港聯合書刊物流有限公司
地址：香港新界大埔汀麗路36號中華商務印刷大廈3樓
電話號碼：(852)2150-2100
傳真號碼：(852)2407-3062
電郵：info@suplogistics.com.hk

台灣發行：秀威資訊科技股份有限公司
地址：台灣台北市內湖區瑞光路七十六巷六十五號一樓
電話號碼：+886-2-2796-3638
傳真號碼：+886-2-2796-1377
網絡書店：www.bodbooks.com.tw
台灣國家書店讀者服務中心：
地址：台灣台北市中山區松江路二〇九號一樓
電話號碼：+886-2-2518-0207
傳真號碼：+886-2-2518-0778
網絡書店：http://www.govbooks.com.tw

中國大陸發行　零售：深圳心一堂文化傳播有限公司
深圳地址：深圳市羅湖區立新路六號羅湖商業大廈負一層〇〇八室
電話號碼：(86)0755-82224934

心一堂微店二維碼

心一堂淘寶店二維碼

心一堂術數古籍 珍本 整理 叢刊 總序

術數定義

術數，大概可謂以「推算（推演）、預測人（個人、群體、國家等）、事、物、自然現象、時間、空間方位等規律及氣數，並或通過種種『方術』，從而達致趨吉避凶或某種特定目的」之知識體系和方法。

術數類別

我國術數的內容類別，歷代不盡相同，例如《漢書・藝文志》中載，漢代術數有六類：天文、曆譜、五行、蓍龜、雜占、形法。至清代《四庫全書》，術數類則有：數學、占候、相宅相墓、占卜、命書、相書、陰陽五行、雜技術等，其他如《後漢書・方術部》、《藝文類聚・方術部》、《太平御覽・方術部》等，對於術數的分類，皆有差異。古代多把天文、曆譜、及部分數學均歸入術數類，而民間流行亦視傳統醫學作為術數的一環；此外，有些術數與宗教中的方術亦往往難以分開。現代民間則常將各種術數歸納為五大類別：命、卜、相、醫、山，通稱「五術」。

本叢刊在《四庫全書》的分類基礎上，將術數分為九大類別：占筮、星命、相術、堪輿、選擇、三式、讖諱、理數（陰陽五行）、雜術（其他）。而未收天文、曆譜、算術、宗教方術、醫學。

術數思想與發展——從術到學，乃至合道

我國術數是由上古的占星、卜筮、形法等術發展下來的。其中卜筮之術，是歷經夏商周三代而通過「龜卜、蓍筮」得出卜（筮）辭的一種預測（吉凶成敗）術，之後歸納並結集成書，此即現傳之《易

經》。經過春秋戰國至秦漢之際，受到當時諸子百家的影響、儒家的推崇，遂有《易傳》等的出現，原本是卜筮術書的《易經》，被提升及解讀成有包涵「天地之道（理）」之學。因此，《易・繫辭傳》曰：「易與天地準，故能彌綸天地之道。」

漢代以後，易學中的陰陽學說，與五行、九宮、干支、氣運、災變、律曆、卦氣、讖緯、天人感應說等相結合，形成易學中象數系統。而其他原與《易經》本來沒有關係的術數，如占星、形法、選擇，亦漸漸以易理（象數學說）為依歸。《四庫全書・易類小序》云：「術數之興，多在秦漢以後。要其旨，不出乎陰陽五行，生尅制化。實皆《易》之支派，傳以雜說耳。」至此，術數可謂已由「術」發展成「學」。

及至宋代，術數理論與理學中的河圖洛書、太極圖、邵雍先天之學及皇極經世等學說給合，通過術數以演繹理學中「天地中有一太極，萬物中各有一太極」（《朱子語類》）的思想。術數理論不單已發展至十分成熟，而且也從其學理中衍生一些新的方法或理論，如《梅花易數》、《河洛理數》等。

在傳統上，術數功能往往不止於僅僅作為趨吉避凶的方術，及「能彌綸天地之道」的學問，亦有其「修心養性」的功能，「與道合一」（修道）的內涵。《素問・上古天真論》：「上古之人，其知道者，法於陰陽，和於術數。」數之意義，不單是外在的算數、歷數、氣數，而是與理學中同等的「道」、「理」--心性的功能，北宋理氣家邵雍對此多有發揮：「聖人之心，是亦數也」、「萬化萬事生乎心」、「心為太極」。《觀物外篇》：「先天之學，心法也。……蓋天地萬物之理，盡在其中矣，心一而不分，則能應萬物。」反過來說，宋代的術數理論，受到當時理學、佛道及宋易影響，認為心性本質上是等同天地之太極。天地萬物氣數規律，能通過內觀自心而有所感知，即是內心也已具備有術數的推演及預測、感知能力；相傳是邵雍所創之《梅花易數》，便是在這樣的背景下誕生。

《易・文言傳》已有「積善之家，必有餘慶；積不善之家，必有餘殃」之說，至漢代流行的災變說及讖緯說，我國數千年來都認為天災，異常天象（自然現象），皆與一國或一地的施政者失德有關；下至家族、個人之盛衰，也都與一族一人之德行修養有關。因此，我國術數中除了吉凶盛衰理數之外，人心的德行修養，也是趨吉避凶的一個關鍵因素。

術數與宗教、修道

在這種思想之下，我國術數不單只是附屬於巫術或宗教行為的方術，又往往是一種宗教的修煉手段--通過術數，以知陰陽，乃至合陰陽（道）。「其知道者，法於陰陽，和於術數。」例如，「奇門遁甲」術中，即分為「術奇門」與「法奇門」兩大類。「法奇門」中有大量道教中符籙、手印、存想、內煉的內容，是道教內丹外法的一種重要外法修煉體系。甚至在雷法一系的修煉上，亦大量應用了術數內容。此外，相術、堪輿術中也有修煉望氣（氣的形狀、顏色）的方法；堪輿家除了選擇陰陽宅之吉凶外，也有道教中選擇適合修道環境（法、財、侶、地中的地）的方法，以至通過堪輿術觀察天地山川陰陽之氣，亦成為領悟陰陽金丹大道的一途。

易學體系以外的術數與的少數民族的術數

我國術數中，也有不用或不全用易理作為其理論依據的，如揚雄的《太玄》、司馬光的《潛虛》。也有一些占卜法、雜術不屬於《易經》系統，不過對後世影響較少而已。

外來宗教及少數民族中也有不少雖受漢文化影響（如陰陽、五行、二十八宿等學說。）但仍自成系統的術數，如古代的西夏、突厥、吐魯番等占卜及星占術，藏族中有多種藏傳佛教占卜術、苯教占卜術、擇吉術、推命術、相術等；北方少數民族有薩滿教占卜術；不少少數民族如水族、白族、布朗族、佤族、彝族、苗族等，皆有占雞（卦）草卜、雞蛋卜等術，納西族的占星術、占卜術，彝族畢摩的推命術、占卜術……等等，都是屬於《易經》體系以外的術數。相對上，外國傳入的術數以及其理論，對我國術數影響更大。

曆法、推步術與外來術數的影響

我國的術數與曆法的關係非常緊密。早期的術數中，很多是利用星宿或星宿組合的位置（如某星在某州或某宮某度）付予某種吉凶意義，并據之以推演，例如歲星（木星）、月將（某月太陽所躔之宮次）等。不過，由於不同的古代曆法推步的誤差及歲差的問題，若干年後，其術數所用之星辰的位置，已與真實星辰的位置不一樣了；此如歲星（木星），早期的曆法及術數以十二年為一周期（以應地支），與木星真實周期十一點八六年，每幾十年便錯一宮。後來術家又設一「太歲」的假想星體來解決，是歲星運行的相反，週期亦剛好是十二年。而術數中的神煞，很多即是根據太歲的位置而定。又如六壬術中的「月將」，原是立春節氣後太陽躔娵訾之次而稱作「登明亥將」，至宋代，因歲差的關係，要到雨水節氣後太陽才躔娵訾之次，當時沈括提出了修正，但明清時六壬術中「月將」仍然沿用宋代沈括修正的起法沒有再修正。

由於以真實星象周期的推步術是非常繁複，而且古代星象推步術本身亦有不少誤差，大多數術數除依曆書保留了太陽（節氣）、太陰（月相）的簡單宮次計算外，漸漸形成根據干支、日月等的各自起例，以起出其他具有不同含義的眾多假想星象及神煞系統。唐宋以後，我國絕大部分術數都主要沿用這一系統，也出現了不少完全脫離真實星象的術數，如《子平術》、《紫微斗數》、《鐵版神數》等。後來就連一些利用真實星辰位置的術數，如《七政四餘術》及選擇法中的《天星選擇》，也已與假想星象及神煞混合而使用了。

隨着古代外國曆（推步）、術數的傳入，如唐代傳入的印度曆法及術數，元代傳入的回回曆等，其中我國占星術便吸收了印度占星術中羅睺星、計都星等而形成四餘星，又通過阿拉伯占星術而吸收了其中來自希臘、巴比倫占星術的黃道十二宮、四大（四元素）學說（地、水、火、風），並與我國傳統的二十八宿、五行說、神煞系統並存而形成《七政四餘術》。此外，一些術數中的北斗星名，不用我國傳統的星名：天樞、天璇、天璣、天權、玉衡、開陽、搖光，而是使用來自印度梵文所譯的：貪狼、巨門、祿存、文曲，廉貞、武曲、破軍等，此明顯是受到唐代從印度傳入的曆法及占星術所影響。如星命術中的《紫微斗數》及堪輿術中的《撼龍經》等文獻中，其星皆用印度譯名。及至清初《時憲曆》，置閏之法則改用西法「定氣」。清代以後的術數，又作過不少的調整。

此外，我國相術中的面相術、手相術，唐宋之際受印度相術影響頗大，至民國初年，又通過翻譯歐西、日本的相術書籍而大量吸收歐西相術的內容，形成了現代我國坊間流行的新式相術。

陰陽學——術數在古代、官方管理及外國的影響

術數在古代社會中一直扮演着一個非常重要的角色，影響層面不單只是某一階層、某一職業、某一年齡的人，而是上自帝王，下至普通百姓，從出生到死亡，不論是生活上的小事如洗髮、出行等，大事如建房、入伙、出兵等，從個人、家族以至國家，從天文、氣象、地理到人事、軍事，從民俗、學術到宗教，都離不開術數的應用。我國最晚在唐代開始，已把以上術數之學，稱作陰陽（學），行術數者稱陰陽人。（敦煌文書、斯四三二七唐《師師漫語話》：「以下說陰陽人謾語話」，此說法後來傳入日本，今日本人稱行術數者為「陰陽師」）。一直到了清末，欽天監中負責陰陽術數的官員中，以及民間術數之士，仍名陰陽生。

古代政府的中欽天監（司天監），除了負責天文、曆法、輿地之外，亦精通其他如星占、選擇、堪輿等術數，除在皇室人員及朝庭中應用外，也定期頒行日書、修定術數，使民間對於天文、日曆用事吉凶及使用其他術數時，有所依從。

我國古代政府對官方及民間陰陽學及陰陽官員，從其內容、人員的選拔、培訓、認證、考核、律法監管等，都有制度。至明清兩代，其制度更為完善、嚴格。

宋代官學之中，課程中已有陰陽學及其考試的內容。（宋徽宗崇寧三年〔一一零四年〕崇寧算學令：「諸學生習……並曆算、三式、天文書。」「諸試……三式即射覆及預占三日陰陽風雨。天文即預

定一月或一季分野災祥，並以依經備草合問為通。」

金代司天臺，從民間「草澤人」（即民間習術數人士）考試選拔：「其試之制，以《宣明曆》試推步，及《婚書》、《地理新書》試合婚、安葬，並《易》筮法，六壬課、三命、五星之術。」（《金史》卷五十一・志第三十二・選舉一）

元代為進一步加強官方陰陽學對民間的影響、管理、控制及培育，除沿襲宋代、金代在司天監掌管陰陽學及中央的官學陰陽學課程之外，更在地方上增設陰陽學課程（《元史・選舉志一》：「世祖至元二十八年夏六月始置諸路陰陽學。」）地方上也設陰陽學教授員，培育及管轄地方陰陽人。（《元史・選舉志一》：「（元仁宗）延祐初，令陰陽人依儒醫例，於路、府、州設教授員，凡陰陽人皆管轄之，而上屬於太史焉。」）自此，民間的陰陽術士（陰陽人），被納入官方的管轄之下。

至明清兩代，陰陽學制度更為完善。中央欽天監掌管陰陽學，明代地方縣設陰陽學正術，各州設陰陽學典術，各縣設陰陽學訓術。陰陽人從地方陰陽學肄業或被選拔出來後，再送到欽天監考試。（《大明會典》卷二二三：「凡天下府州縣舉到陰陽人堪任正術等官者，俱從吏部送（欽天監），考中，送回選用；不中者發回原籍為民，原保官吏治罪。」）清代大致沿用明制，凡陰陽術數之流，悉歸中央欽天監及地方陰陽官員管理、培訓、認證。至今尚有「紹興府陰陽印」、「東光縣陰陽學記」等明代銅印，及某某縣某某之清代陰陽執照等傳世。

清代欽天監漏刻科對官員要求甚為嚴格。《大清會典》「國子監」規定：「凡算學之教，設肄業生。滿洲十有二人，蒙古、漢軍各六人，於各旗官學內考取。漢十有二人，於舉人、貢監生童內考取。附學生二十四人，由欽天監選送。教以天文演算法諸書，五年學業有成，舉人引見以欽天監博士用，貢監生童以天文生補用。」學生在官學肄業、貢監生肄業或考得舉人後，經過了五年對天文、算法、陰陽學的學習，其中精通陰陽術數者，會送往漏刻科。而在欽天監供職的官員，《大清會典則例》「欽天監」規定：「本監官生三年考核一次，術業精通者，保題升用。不及者，停其升轉，再加學習。如能黽勉供職，即予開復。仍不及者，降職一等，再令學習三年，能習熟者，准予開復，仍不能者，黜退。」除定期考核以定其升用降職外，《大清律例》中對陰陽術士不準確的推斷（妄言禍福）是要治罪的。《大清律例・一七八・術七・妄言禍福》：「凡陰陽術士，不許於大小文武官員之家妄言禍福，違者杖一百。其依經推算星命卜課，不在禁限。」大小文武官員延請的陰陽術士，自然是以欽天監漏刻科官員或地方陰陽官員為主。

官方陰陽學制度也影響鄰國如朝鮮、日本、越南等地，一直到了民國時期，鄰國仍然沿用着我國的多種術數。而我國的漢族術數，在古代甚至影響遍及西夏、突厥、吐蕃、阿拉伯、印度、東南亞諸國。

術數研究

術數在我國古代社會雖然影響深遠，「是傳統中國理念中的一門科學，從傳統的陰陽、五行、九宮、八卦、河圖、洛書等觀念作大自然的研究。……傳統中國的天文學、數學、煉丹術等，要到上世紀中葉始受世界學者肯定。可是，術數還未受到應得的注意。術數在傳統中國科技史、思想史，文化史、社會史，甚至軍事史都有一定的影響。……更進一步了解術數，我們將更能了解中國歷史的全貌。」（何丙郁《術數、天文與醫學中國科技史的新視野》，香港城市大學中國文化中心。）

可是術數至今一直不受正統學界所重視，加上術家藏秘自珍，又揚言天機不可洩漏，「（術數）乃吾國科學與哲學融貫而成一種學說，數千年來傳衍嬗變，或隱或現，全賴一二有心人為之繼續維繫，賴以不絕，其中確有學術上研究之價值，非徒癡人說夢，荒誕不經之謂也。其所以至今不能在科學中成立一種地位者，實有數因。蓋古代士大夫階級目醫卜星相為九流之學，多恥道之；而發明諸大師又故為惝恍迷離之辭，以待後人探索；間有一二賢者有所發明，亦秘莫如深，既恐洩天地之秘，復恐譏為旁門左道，始終不肯公開研究，成立一有系統說明之書籍，貽之後世。故居今日而欲研究此種學術，實一極困難之事。」（民國徐樂吾《子平真詮評註》，方重審序）

現存的術數古籍，除極少數是唐、宋、元的版本外，絕大多數是明、清兩代的版本。其內容也主要是明、清兩代流行的術數，唐宋或以前的術數及其書籍，大部分均已失傳，只能從史料記載、出土文獻、敦煌遺書中稍窺一鱗半爪。

術數版本

坊間術數古籍版本，大多是晚清書坊之翻刻本及民國書賈之重排本，其中豕亥魚魯，或任意增刪，往往文意全非，以至不能卒讀。現今不論是術數愛好者，還是民俗、史學、社會、文化、版本等學術研究者，要想得一常見術數書籍的善本、原版，已經非常困難，更遑論如稿本、鈔本、孤本等珍稀版本。在文獻不足及缺乏善本的情況下，要想對術數的源流、理法、及其影響，作全面深入的研究，幾不可能。

有見及此，本叢刊編校小組經多年努力及多方協助，在海內外搜羅了二十世紀六十年代以前漢文為主的術數類善本、珍本、鈔本、孤本、稿本、批校本等數百種，精選出其中最佳版本，分別輯入兩個系列：

一、心一堂術數古籍珍本叢刊

二、心一堂術數古籍整理叢刊

前者以最新數碼（數位）技術清理、修復珍本原本的版面，更正明顯的錯訛，部分善本更以原色彩色精印，務求更勝原本。并以每百多種珍本、一百二十冊為一輯，分輯出版，以饗讀者。

後者延請、稿約有關專家、學者，以善本、珍本等作底本，參以其他版本，古籍進行審定、校勘、注釋，務求打造一最善版本，方便現代人閱讀、理解、研究等之用。

限於編校小組的水平，版本選擇及考證、文字修正、提要內容等方面，恐有疏漏及舛誤之處，懇請方家不吝指正。

心一堂術數古籍 珍本 整理 叢刊編校小組

二零零九年七月序

二零一四年九月第三次修訂

談氏三元寄廬

年運人事　奇門占驗，闡明曲衷〇名山聊供知音客（服務社會不憚顯醜）

宅墓行號　地理設計，發揚生氣〇陋室偏多問津人（一九五〇渡災救荒製）

周 姓 四十三 歲 己酉 生 誠喝良 字 計七 數 占問 事

庚寅 年 農歷 十一 月 十六 日 癸巳 日 戊午 時 陽遁 大雪 一 局

戴

左			右
	三巳 四巽 月辰：丁 庚 乙 傷 假	五 午離 月丙：祿 己 丁 開	月申 七坤 六未：貴人 乙 壬 杜 正才
	二甲 卯震 月乙：丙 辛 傷 食神 明年雷足	胸臆：本命 癸 己 休	八辛 酉兌 月：螣蛇 辛 乙 生 假
	十二 正艮 月寅：庚 丙 正印	十壬 一子 月癸：戊 癸 中 正財 貴人	九戌 十乾 月亥：壬 戊 景 劫才

履

占詞

本卦上戴命祿共開吉門，外表極為有條。本命入中宮，杜位得休吉門，亦稱吉祥。惟水受土制，稍有滯呆象，亦吉足復舊人氏。貨相合，非無人益者，而內心稍覺困。今年春夏二季，不保順利，財局尚稱無虞。大月合蓄，龍逃走，正校盈多波折。九十十月平平。惟十二月與酉丑相合，有焚入白出格，兼之螣蛇小人得勢，值正印，必多耗損。宜以保守為是。明年辛卯，丙辛相合，并值傷門雷動之象，晴文春令不保。螣蛇以後，一路遁進。

養吾居士養吾詳纂

寓上海聖母院路高福里四十號（研究著述大玄空全集彙理蘇州合作墓園）

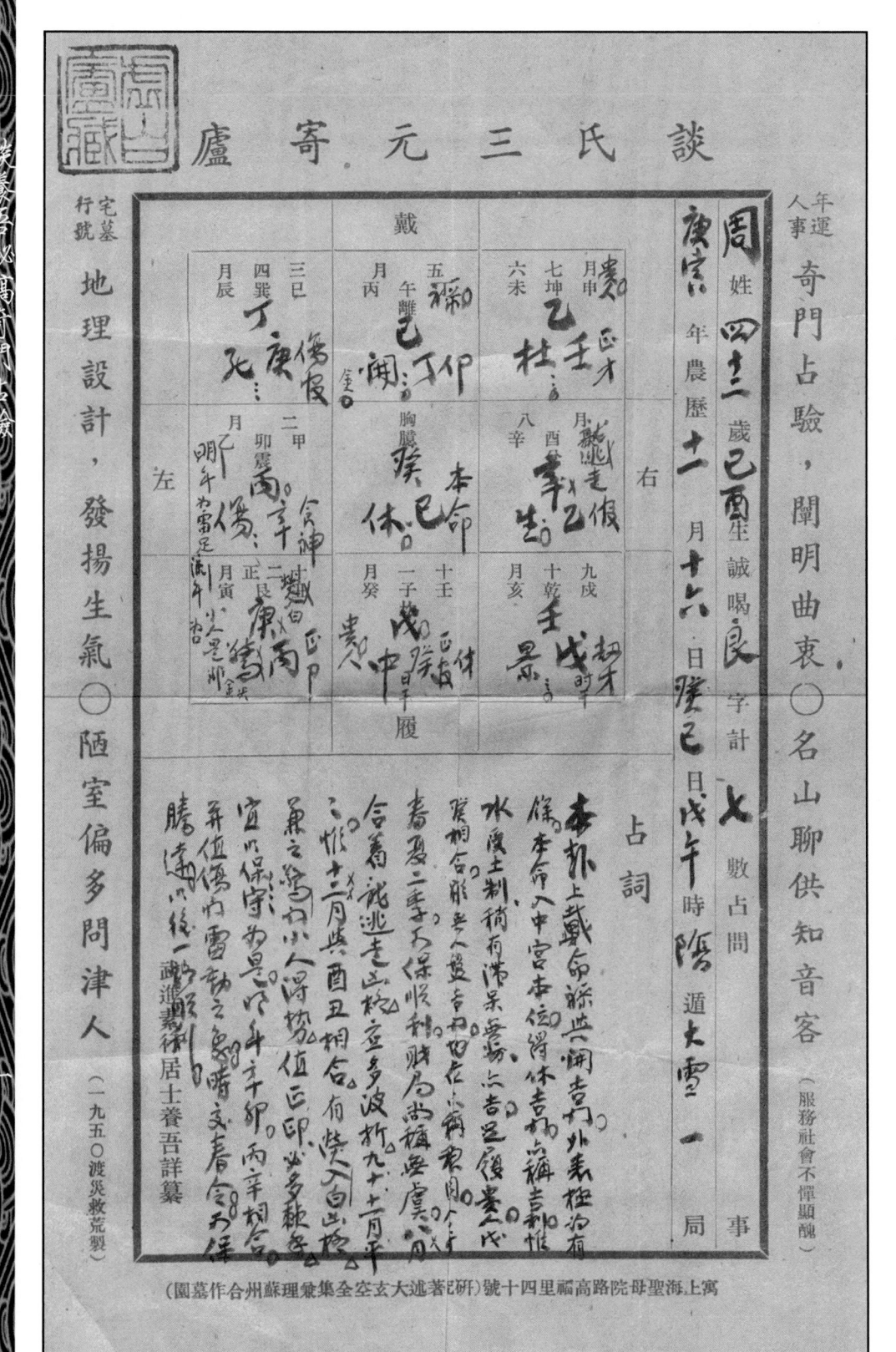

民國十三年甲子孟冬

談氏三元地理

大玄空實驗

聽聽堂談氏藏版

聽聽堂藏版

[illegible]題簽

元運要
挨星三

大玄空實驗

民國十三年甲子孟冬

虛白廬藏

著者談養吾肖像

談氏大玄空實驗序

爲人子不可不知醫。醫者所以養親之生。生也。送死之要義。則堪輿之學。薄堪輿爲迷信。委親之骨於罡風煞水。而自修爲通歐美之化。生則崇之。死則賤之。吾未見仁人孝子之愛其親者。一生死而殊異若此。而世之以堪輿自衒者。各挾理氣巒頭二途之一以相賤。尊巒頭者。囿巒頭。尊理氣者。囿理氣。不知理氣用也。巒頭體也。若車之兩輪。去一焉。則仆。巒頭著於顯。世或有眞識。理氣藏諸幽眇。無術以顯之。恒避而趨易。時有治之者。皆執三合雙山撥砂長生及卦爻卜筮子平等法。以爲窮理氣之妙矣。夫理氣之學。一大元空而已。其法

惠德堂藏版

原本洛書九氣。運五行以配合三元九運六甲八門。而推其生旺衰死焉爾。斯學始于晋盛于唐。至宋元間。落入空門。而世遂無斯學。明賢之明斯學。乃精奇門而傍通斯學。非專斯學者也。迄清蔣氏得自空門。於是始有地理辨正專書。出以救世。通之者復秘之。非正人君子勿傳。於是雖有是學而世之精之者。葢寥寥焉。武進談子浩然慨斯學之垂絕。不惜其秘。而公開諸世。洩古未洩之藏。俾爲人子者。生有以致養。死有以致安。所以導天下之堪輿家。勿歧其途。乃所以挾天下之爲人子。使勿禍其親。世誠有致孝於其親者。必家置一編。寶之於靈樞素問也。

民國十三年甲子十月新安夷希微子程霖生

談氏大玄空實驗序

玄空之義。本於青囊。玄空之名。始於郭璞。青囊傳自黃帝軒轅氏。具天文地理五行卜筮諸精義。號稱九卷。今已失全。地理不過其中之一端耳。地理又分二要。曰形勢。曰理氣。如漢之宮宅地形書。堪輿金匱。及晉之葬書等。皆形家之言也。今理氣之可見者。祇蔣子地理辨正一書而矣。其他各家之書雖多。特不尊不真耳。談子浩然作玄空路透。已行於世。惟常聞有謂其爲空理之據。淺見者本不足怪。然其濟世心切。必思有以證明其道。因復作玄空實驗一書。合形理氣數吉凶禍福於一爐。要皆近時名人墓宅。竟可指証。其苦心孤詣。誠可羨佩。予攻此術近十年。遇拜師友數十人。自燕北以迄江南。就予之所知。爲此道之眞傳者。不過三四人耳。如江西黃氏。錫山章氏楊氏。及武進談子己矣。其他一知半解者固多。即是其道而牽誤不明者亦衆。若天文地理會貫皆精者。初祗江西黃氏一人耳。無心道人本精天文。今其子孫則僅知普通選擇。楊氏得章氏傳。故亦不能天星。談子與予研究甚詳。雖不精。必無僞。其於形勢捉胍點穴之能。尤近世學者所不及。堪輿完才。可稱此君矣。至今所稱三合卦例倒杖撥沙。及其他各術。其根本無依據。固不足辨。又如所謂三元九星黃白氣元運坐卦諸板訣。亦可於讀此書後。不辨自明矣。談子示書。幷乞爲序。國芝忝在知交。因紀其實如是。

民國十三年甲子孟冬合肥李國芝瑞九序

序

宇宙間森羅萬象。竭吾耳界目界思想界之所至。有二大原則焉。一曰科學。一曰心靈學。科學爲形而下。學由物質方面。以窮物之源。聲光化電屬焉。心靈學爲形而上。學由精神方面。以探物之微。吉凶禍福繫焉。際此科學昌明時代。形形色色。未可盡述。苟能善用之。則假汽機以營製造。藉電力以利交通。於人類生活。固大有利益存也。若不善用之。則駕飛機以襲敵人。駛潛艇以摧敵壁。於人道主義。不免大相背戾耳。處此世者。假令祗知科學之可貴。而以心靈學爲虛無飄渺之談。不加深究未可也。英儒柯能道爾有鑒於此。覺世人心靈。日益汨沒。因提倡靈魂之學。以冀挽回於萬一。當歐戰時代。受科學界之摧殘已極。此說乃大盛。試推其故。不過流於巫史卜祝之類。初未有澈底之著述。以餉世人。今談君養吾。好學深思。歎人心不古。異說橫流。更進一步而研究術數家言。若陰陽若五行。俱有心得。而於形法一門。尤能獨闢蹊徑。近成大玄空實驗一書。用功勤。用心苦。蓋欲發明吾國固有學說。以救濟人心耳。余嘗考古者葬不擇地。亦不擇時。及晉郭璞。乃有葬地之說。其所著靑囊經中。具述陰陽順逆。九星化曜。辨山水之貴賤吉凶。始成爲一家言。至唐楊筠松。有天玉經內傳三卷。專言理氣。以天星卦例。生尅吉凶爲主。迄於今。言理氣者均宗之。雖然。葬者藏也。人稟天氣以生。死必歸於地。先人遺骸。忍令委棄。但求避蚊水而已。若必欲得牛眠之地。龍耳之穴。以爲子孫榮華計。謬矣。蓋人之經營窀穸者。不必過泥右虎左龍。藏風聚水之成見。祇求心地光明。則自有福田以應之。若心地齷齪。則雖得福田。亦非所有。不觀夫孫鐘孤孝。而致三仙。龍圖酷虐。而夢二使乎。可知禍福之來。由於人之爲善爲惡所致。因果關係。未可勉強。余也投身社會事業已久。閱人多矣。深慨心術之壞。至此而極。苟不得一潛勢力以矯正之。驚醒之。正不知伊於胡底。而談君之書適成於此時。其有功於世道人心者匪淺。余喜其宗旨相同。故略申意見於此。以弁其首。
民國十三年十月穆湘玥

序

武進談浩然先生。昔著玄空路透一書。海內學者。咸以爲圭臬。今復著玄空實驗一書。馳函囑余爲之序。余謂昔公劉遷邠。相其陰陽。周公營洛。伻來以圖。周禮大司徒有以圭測景之法。保章氏有十二歲十二風之掌。明堂之制。載于大戴禮。攝招之說。見于天官書。今其學之佚也久矣。明末蔣大鴻著地理辨正一書。眞理未盡宣洩。其後僞說百出。致使其學愈晦。繼其後有德化鄧夢覺無錫章仲山輩。然猶能守蔣氏之成法者也。今鄧氏之學。已爲世所不道。章氏之後。守殘抱闕。繼起有人。華溫諸子。雖非宗章氏者也。能別立門戶。著書立說。似非章氏創之於前。恐不能繼其後耳。談先生得章氏之眞傳者也。並不囿三緘其口之僞說。以其授受心法。以公于世。使是學賴以不墜。其功在蔣章之上矣。昔先君子夙習是學。余則深慚父書未讀。稍識門徑。嘗觀人之第宅塚墓。知近年所卜營者。非失運即背時。非出卦。即差錯。即有合乎理氣之說。詢其爲地師者。非法也。偶中而已。孝經云卜其兆而安厝之。人子之葬親。其愼重也若此。今爲庸師所悞。吁可悲也哉。蓋戾氣所鍾。影響必及于家國。欲求興盛難矣。使人人奉談先生之法以爲法。庶幾可以轉危爲安。抑余又聞之。此學之昌明。皆在戎馬倉皇之際。唐之楊筠松。五代時之黃妙因。

何會通。元之幕講。明之蔣大鴻。是可徵也。後人習其說。奉其法而行之。於是陰陽調和。國家亦得以平治。今天下大勢。亦汲汲矣。安危之機。舍此不可。余深許談先生如楊筠松輩爾。

民國十三年甲子杭縣𡸖民沈祖綿謹序

序

天下之理。日新月盛。習焉不察。則熟視無覩。惟將之以心。心愈用。則理愈深。心愈用。則理亦愈出。惟其深也。故不可以淺嘗。惟其出也。故不可以終秘。理無窮。則研究與發明。亦與之俱無窮。夫豈有止境哉。談子浩然。精堪輿之學者也。客歲有大玄空路透之著。於玄空之義。似已盡情闡發。毫無餘蘊矣。又甫閱一年。又以路透一書。於玄妙處尚有未及披露。於是又有實驗之著。蓋經一年之研究。其玄空之理。愈深愈出。愈出愈深。較之客歲。則所得益多矣。昔孔稚圭稱周彥倫談空空於釋部。覈玄玄之道流。夫空而曰空空。蓋空之又空。其義至渺也。玄而曰玄玄。蓋玄之又玄。其蘊無盡也。如遊武夷。歷一曲仍有一曲。如剝蠶繭。去一層又有一層。談子於此一年中。徧歷維揚金陵錫山姑蘇粵東諸域。以窮眼界。而又與海內入社諸友。通函質疑。互相參考。於玄空之內容。自更有卓見。然堪天道也。輿地道也。天地之道。至精至微。以談子之用功不懈。有一度之研究。必有一度之發明。將來著述之富。與年俱進。又豈止實驗而已哉。第恐洩盡天地之秘。必招鬼神之忌。則其書或爲六丁之所攝也。談子慎寶而藏之。當風雨雷霆之會。其加意護持焉可也。

中華民國十三年夏正歲次甲子秋末吳縣席裕焜拜序

序

一陰一陽之謂道。渾淪磅礴。彌乎六合。蓋歷往古來今而莫之能易。舉萬事萬物而莫之能外者也。故其爲體也無方。而其爲用。則大之可以參贊化育。小之可以占休咎。辨吉凶。而闡古河圖洛書未洩之秘。堪輿固道之小者也。自秦青烏子著爲經。迄晉郭璞而始挾其術以鳴世。然齊梁而後。非特爲士大夫所不道。若唐呂氏。若宋歐陽氏。且斥其說爲誕妄不經。欲並其書而焚之。不知秦以前。已有用之者。公劉之詩不云乎。度其隰原。觀其流泉。非覘其形勝而何。又云相其陰陽。非占休咎。辨吉凶。則古人當日。胡以遲回審慎。不辭陟降之勞乃爾也。況玉尺之經。金斗之訣。以及藏風却月。聚水撥沙。技也而又進於道乎。夫世之託陰陽之說以獵食者無論矣。其有探茫索隱。理抉玄妙。造乎道之極而默參儀象者。大抵千金敝帚。知之而不言。言矣而不肯詳且盡。扣槃捫燭。聾瞽之誚。已且將不免。遑爲人指迷津而作寶筏哉。吾邑談子浩然。幼攻經史。頗致力於詩古文辭。及壯。習青烏子術。旁徵曲引。瀏覽百家。獨有心得。去秋。既刻三元地理大玄空路透以餉世矣。既思達其用。必先明其體。體而不明。用何由達。遂乃覃精研思。抒其胸中所蘊蓄與其平日身所親歷者。著之於篇。名曰大玄空實驗。復付剞劂。公諸同好。非衒玉也。不私其所學也。駑鶩既繡。復度金針。覘彼攟摭掇拾。詡詡然自命爲一家言。而究其歸。則始爲詅癡之符。終以覆後世之醬瓿者。不洵有霄壤之殊哉。

民國十三年歲在閼逢困敦季秋中澣

同邑馮瑜惕龕氏序於半園之片石齋

序

陰陽之判。肇自大易。宅經起於黃帝。周官載冢人墓大夫之職。實開葬經之始。漢形法家。有宮形地形二十卷。溯厥淵源。由來已舊。厥後赤霆青烏之說。玉尺金斗之書。大暢其風於郭璞。唐宋以降。堪輿之學。乃成專家。有清紀曉嵐先生。博極羣書。纂修四庫總目。列爲藝術之一。且於筆記中。時述其驗。是則陰陽家言。爲列代鴻儒所公認。而迂腐之士。目爲無據。固未足以爲信也。秉釗束髮受書。承先人之緒餘。亦嘗研究是說。後與談君浩然。同游於楊九如先生之門。余以兼習歧黃。故於師傳極少心得。而談君則鉤深探玄。獨紹薪傳。近更遠遊東粵。歷覽名勝。於凡山川脈絡之源。圖經纖緯之秘。了然於胸。歸而筆之於書。精微幽妙。深切簡明。嘆爲奇作。秉釗自慚固陋。於談君之學。未登堂奧。祇以忝同硯席。不得不聊貢一言。管窺蠡測。未識有當於萬一否。

民國十三年歲在甲子季秋中浣

同學弟徐秉釗拜撰

自序

古來講堪輿者。大都重體不重用。重輿道。不重堪道。實則堪輿乃天地之道。非天得其天。地得其地。難保正軌之不踰。養吾不揣弇陋。爰將理氣各法。悉心校訂。先設社研究。繼以編著。去年曾鋟行玄空路透一書。頗爲同好所稱許。惟其法深奧。閱者恐難驟窺其門徑。且其中多比擬之詞。一時尤難領悟。所謂得法易。傳心難。不實地研究。終惝怳而無所依據也。茲編不嫌煩瑣。舉玄空之所未發者。闡而明之。引而伸之。並採錫山章氏所藏復舊記錄。暨各社友往來質疑原稿。養吾平日足跡所至之地之筆記。悉爲刊載。以冀貫徹前後。想又研究堪輿者所樂聞也。獨是蠡測之見。遺漏頗多。謭劣之譏。知必不免。倘愛我者。恕其愚妄而匡其所不逮。養吾當倒地謝之。是為序。

民國十三年歲次閼逢困敦季秋之月

武進談養吾浩然氏自序於海上寄廬

談氏三元地理大玄空實驗目錄

三元奇術研究社主任武進浩然談養吾著

第一章玄空

第四章實驗

第五章天星

急葬說　天星概略
造命辨　試用法
隨地測時法　十一曜
用星　恩星
難星　忌星
三合照　同宮夾照
隔宮夾照　坐照
對照　拱照
橫天交氣

談氏三元地理大玄空實驗卷一

三元奇術研究社主任武進浩然談養吾著

第一章玄空

●古人對大玄空法均守秘藏

大玄空法。原本洛書。上通天時。下達地利。中及人和。以之推大局之變遷。以之推人事之休咎。無不應驗。因之古聖先賢。視為寶筏。不肯輕示於人。即所傳者。大都略露糟粕而已。言之諄諄。尚以天律有禁。父子雖親不肯說為戒。其道盛於三代之上。及晉郭氏演經立義。畧出一班。及唐一行造滅蠻經。眞者漸沒。僞者驟盛。清初。蔣氏遇眞人無極眞傳。而青囊天玉寶照諸經。得露端倪。道光末。章氏解之。而其道漸顯。總言之。雖云天機微露。實則尚未盡洩也。何則。窺其序文所載。即可知矣。養吾授業於章氏的傳楊九如先生門下。探窮求末。略識端倪。因念其道不傳。庶必湮沒。爰於壬戌歲。設社研究。抱公開之旨。以濟社會。癸亥冬。刊有大玄空路透書一部。迄今一載。已遍我國二十二行省。而均有之。未使不可謂傳達之普及也。而今埋頭窗下。以著作爲流傳。藉佈道以濟世。至今後之毁譽。在所不顧。本我所旨。行我所行。願世之明達者其鑒諸。

●說大玄空之母

天爲一大天。人爲一小天。天有五星。人有五臟。五星各有五行。五臟亦各有五行。玄空者。太極也。天地人三才也。故物物有太極。即物物有玄空。玄空原本洛書九數。九數定而五行備矣。一屬水而位居正北。九屬火而位居正南。二屬土而位居西南。八屬土而位居東北。三屬木而位居正東。七屬金而位居正西。四屬木而位居東南。六屬金而位居西北。五十屬土而位居中央。推而至於北極。一屬水而星屬貪狼。居斗之首。二屬土而星屬巨門。三屬木而星屬祿存。四屬木而星屬文曲。五屬土而星屬廉貞。六屬金而星屬武曲。均居斗之中。七屬金而星屬破軍。居斗之柄。八屬土而星屬左輔。九屬火而星屬右弼。其光暗而均居斗之傍。每一晝夜運行一小週。每一年運行一大週。故斗柄指寅而爲正月。指卯而爲二月。指辰而爲三月。屬春。指巳而爲四月。指午而爲五月。指未而爲六月。屬夏。指申而爲七月。指酉而爲八月。指戌而爲九月。屬秋。指亥而爲十月。指子而爲十一月。指丑而爲十二月。屬冬。一年十二月既分而春夏秋冬四時定矣。有太極而兩儀分矣。四象成矣。兩儀四象分而陰陽成矣。純陽而爲乾。乾者天也。純陰而爲坤。坤者地也。乾坤定而天地分矣。乾爲父。坤爲母。得乾初爻而爲震。屬長男。得乾二爻而爲坎。屬中男。得乾末爻而爲艮。屬少男。得坤初爻而爲巽。屬長女。得坤二爻而爲離。屬中女。得坤末爻而爲兌。屬少女。陰陽既分而男女定矣。乾爲首。坤爲腹。震爲足。巽爲股。坎爲耳。離爲目。艮爲手。兌爲口。而五官定矣。心屬火。肝屬木。脾屬土。肺屬金。腎屬水。而五臟定矣。金圓木直。水屈火尖。土方而五形成矣。金白木青。水黑火紅。土黃而五色定矣。太極定而八卦分。八卦分而八八六十四卦成矣。天地定而日月分。日月分而萬物生焉。數始於一。而終於九。九九數通而無量數成矣。星起於北斗。北斗轉而衆星旋矣。晦朔定矣。風雨生矣。堪天道。輿地道。堪輿之道。天地之道也。故堪輿以大玄空爲本。即以天道地道爲本也。古語云。天時不如地利。地利不如人和。故凡建立陰陽各宅。尤須以種德爲本。人和者。積德之謂也。經云。求地不種德。穩口深藏舌。洛書戴九履一。左三右七。二四爲肩。六八爲足。縱橫十五。又成合十。實則陰陽變易之理。本諸中央。中央者。猶天之樞也。經云先天爲體。後天爲用。故每卦各有主宰之時。每數分爲八變。八卦九宮可分爲八八六十四變。八九有七十二變。章氏無心道人創傳心八易之說。謂皆天玉靑囊之旨。至以軍家八陣爲比。實即大玄空顚倒顚之意。明乎大玄空顚倒之機。則傳心八易之說。陰陽變易之理。瞭然矣。經云。顚顚倒。二十四山有珠寶。順逆行。二十四山有火坑。所謂用得即爲珠寶。用失即爲火坑。又云。識得顚倒顚。便是大羅仙是也。顛倒顛者。即玄空之母。陰陽之樞紐也。作者神而明之可也。

大玄空新羅盤圖式

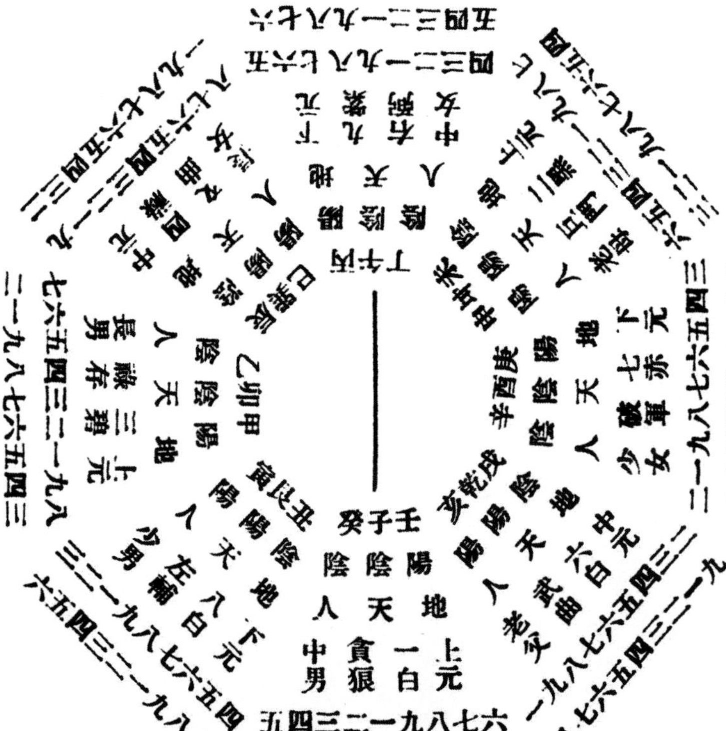

本新盤倘有其他用神省而未列又因排圓版不便故排成八卦形閱者注意。

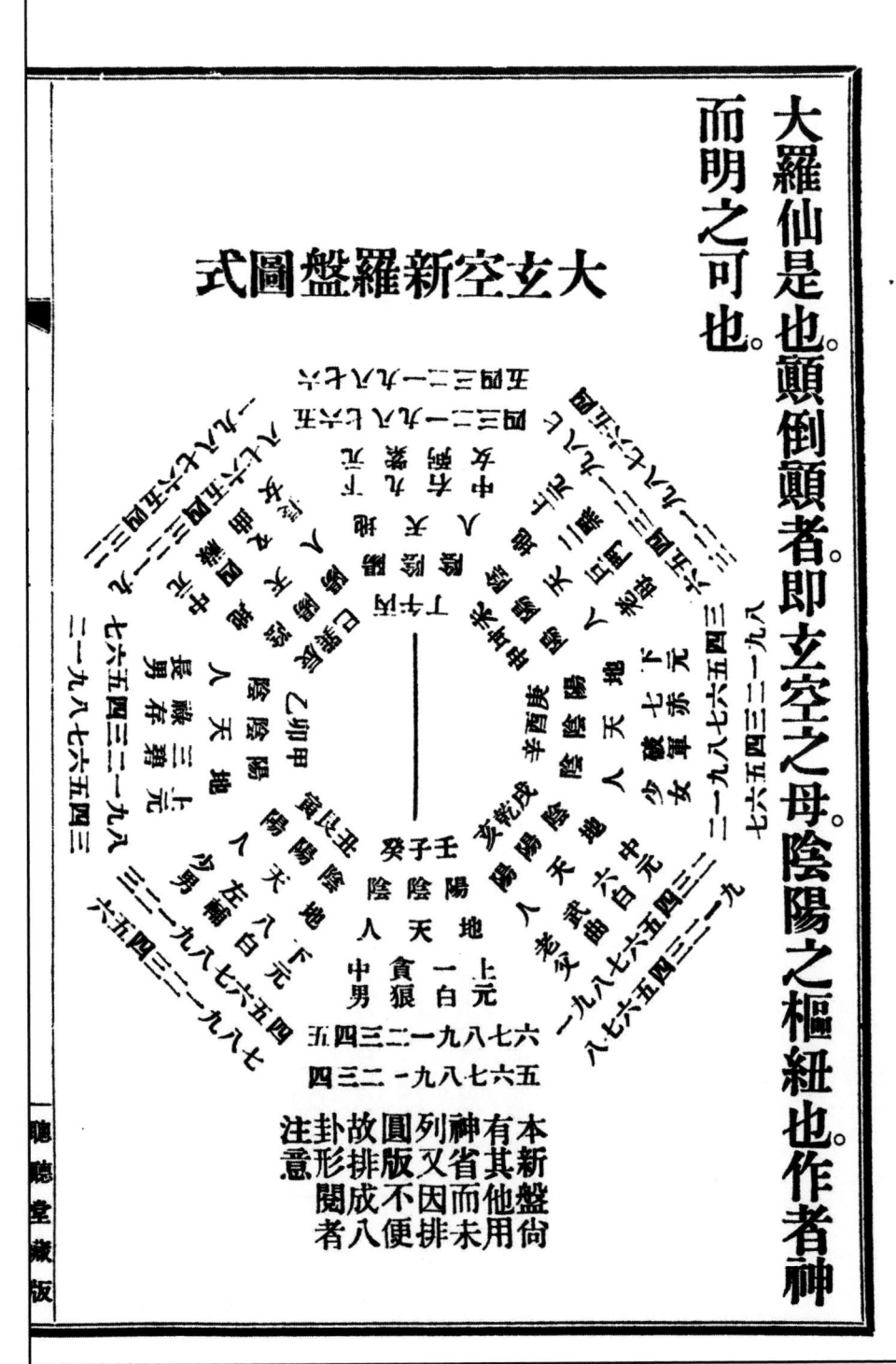

盤後即中宮立極

中央	戊已	陽陰	中元 五黃 廉貞 皇極

一二三四五六七八九

一二三四五六七八九

大玄空。天地通。自古來。不許公。養吾出。首先攻。設社所。啟發蒙。遠道至。濟濟翁。我本拙。非豪雄。埋頭時。努力工。照日月。貫蒼穹。

甲子仲春。談養吾定。

●大玄空新羅盤說明

大玄空飛星顛之倒之。爲用奧妙。蔣氏宗之。終以天律有禁。迄未明示於人。所創羅經。惟載坤壬乙。巨門從頭出。艮丙辛。位位是破軍諸奧語。用者知其然而仍未知其所以然。非素精靑囊者。實難窺其顛末。此外如六十四卦等等。皆張心言之創例。非蔣氏之物也。茲姑不贅。就事論事。專以玄空而言。三元九運。二十四山向。中宮立極也。坐山向首也。傍六宮之交會也。羅經上毫無形跡可尋。祇二十四山向而矣。蔣與楊曾何區別之有。不過正中縫三針耳。養吾有鑒於此。既著有大玄空路透。而於羅經不得不再形諸盤外。俾用者得以按圖推求。庶無錯雜之弊。否則徒用掌訣。倘易舛錯。未使非公開之一途也。茲將大玄空用法。說明於次。

(二)羅經仍以中宮爲主。共列兩盤。第一盤紅字一二三四五六七八九爲陽順飛九宮。中宮第一數爲一。故乾宮第一數爲二。兌宮第一數爲三。艮宮第一數爲四。離宮第一數爲五。坎宮第一數爲六。坤宮第一數爲七。震宮第一數爲八。巽宮第一數爲九。可作爲一運運盤算。亦可作爲每運各山向之一白立極順飛算。中宮第二數爲二。故乾宮第二數爲三。兌宮第二數爲四。艮宮第二數爲五。離宮第二數爲六。坎宮第二數爲七。坤宮第二

數爲八。震宮第二數爲九。巽宮第二數爲一。可作爲二
運運盤算。亦可作爲每運各山向之二黑立極順飛算。
中宮第三數爲三。故乾宮第三數爲四。兌宮第三數爲
五。艮宮第三數爲六。離宮第三數爲七。坎宮第三數爲
八。坤宮第三數爲九。震宮第三數爲一。巽宮第三數爲
二。可作爲三運運盤算。亦可作爲每運各山向之三碧
立極順飛算。此外中宮尚有四五六七八九各數飛法。
按照以上一二三數順飛九宮。則九運之運盤定矣。每
運各山向之四五六七八九立極一星亦定矣。故乾宮
列成二三四五六七八九一。兌宮列成三四五六七八

九一二。艮宮列成四五六七八九一二三。離宮列成五六七八九一二三四。坎宮列成六七八九一二三四五。坤宮列成七八九一二三四五六。震宮列成八九一二三四五六七。巽宮列成九一二三四五六七八。陽者順飛。茲已說明。再將陰者逆飛。挨列於次。

(二)中宮第二盤黑字。一二三四五六七八九為陰。逆飛九宮。中宮第一數為一。故乾宮第一數為九。兌宮第一數為八。艮宮第一數為七。離宮第一數為六。坎宮第一數為五。坤宮第一數為四。震宮第一數為三。巽宮第一數為二。可作為每運各山向之一白立極逆飛算。中宮第二數爲二。故乾宮第二數爲一。兌宮第二數爲九。艮宮第二數爲八。離宮第二數爲七。坎宮第二數爲六。坤宮第二數爲五。震宮第二數爲四。巽宮第二數爲三。可作爲每運各山向之二黑立極逆飛算。中宮第三數爲三。故乾宮第三數爲二。兌宮第三數爲一。艮宮第三數爲九。離宮第三數爲八。坎宮第三數爲七。坤宮第三數爲六。震宮第三數爲五。巽宮第三數爲四。可作爲每運各山向之三碧立極逆飛算。此外中宮尚有四五六七八九等數推算法。按照以上一二三等數。依次逆飛九宮。則每運各山向之四五六七八九立極一星亦定矣。故乾宮列成九一二三四五六七八。兌宮列成八九一二三四五六七。艮宮列成七八九一二三四五六。離宮列成六七八九一二三四。坎宮列成五六七八九一二三四五。坤宮列成四五六七八九一二三。震宮列成三四五六七八九一二。巽宮列成二三四五六七八九一。以上九宮。大玄空挨星列成。既已說明。再將其用法詳述之。

(二)上元一白運。立壬山丙向。壬丙均屬地元。先看向首丙上。離卦陽盤第一數爲五黃。五黃五屬戊己。戊屬陽。己屬陰。五黃隨地卦之陰陽爲陰陽。臨坎離震兌四正卦。則爲戊己巳。臨乾坤艮巽四隅卦。則爲巳戊戌。丙向屬陽。以戌來配丙。戌屬陽。即以五來入中立極。順飛九宮。查看紅字陽盤每卦之第五數。即知向盤飛佈九宮之挨星。乾卦第五數爲六。兌卦第五數爲七。艮卦第五數爲八。離卦第五數爲九。坎卦第五數爲一。坤卦第五數爲二。震卦第五數爲三。巽卦第五數爲四。此向盤之飛星也。再看坐山壬上。陽盤第一數爲六白。此六即爲坐山之父母卦。以六入中立極。六屬乾。乾卦之地元卦爲戌。戌屬陰。來配壬山。逆飛九宮。即看第二盤黑字。每卦之第六數。即山盤之飛星可知矣。乾卦第六數爲五。兌卦第

六數爲四。艮卦第六數爲三。離卦第六數爲二。坎卦第
六數爲一。坤卦第六數爲九。震卦第六數爲八。巽卦第
六數爲七。則山盤九宮之飛星定矣。方知壬山丙向之
大玄空飛星。中宮立極爲五六。乾宮交會爲六五。兌宮
交會爲七四。艮宮交會爲八三。離宮交會爲九二。坎宮
交會爲一一。坤宮交會爲二九。震宮交會爲三八。巽宮
交會爲四七。如立天元子山午向。及人元癸山丁向。則
看向首離卦紅字第一數五黃。以己來配午丁。即以五
入中立極。逆飛九宮。即知離卦外盤黑字第五數爲一
白。坎卦坐山第五數爲九紫。再看傍六宮之第五數爲

何。則向盤之飛星定矣。坐山紅字陽盤第一數爲六白。六屬乾。戌乾亥系之。即以乾亥來配子癸。乾亥屬陽。即以六白入中立極。順飛九宮。則看陽盤每卦之第六數。坐山坎卦爲二。向首離卦爲一。故乾卦山向盤交會爲四七。兌卦交會爲三八。艮卦交會爲二九。離卦交會爲一一。坎卦交會爲九二。坤卦交會爲八三。震卦交會爲七四。巽卦交會爲六五。如立丑山未向。則以坤卦陽盤第一數七赤。爲向首立極之星。艮卦陽盤第一數四綠。爲坐山立極之星。艮坤寅申山向同論。如二運立壬山丙向。則以離卦陽盤第二數六白。爲向首立極之星。坎卦陽盤第二數七赤。爲坐山立極之星。子午癸丁山向同論。如三運立壬丙子午癸丁山向。則以離卦陽盤第三數七赤。爲向首立極之星。坎卦陽盤第三數八白。爲坐山立極之星。如四運即看第四數。五運即看第五數。六運即有第六數。七運即看第七數。八運即看第八數。九運即看第九數。不論何卦。二十四山向。均照此法推算。則三元九運二十四山向大玄空飛星。均可一目瞭然。毋庸掌訣挨排矣。養吾以羅經名曰大玄空新盤者。此其道也。

●傳心八易解

章氏無心道人心眼指要載有傳心八易圖。以一九、二八、三七、四六、入中逆飛九宮。另列中五變易圖。註曰兵法之八陣。係國家之安危。醫方之八陣司性命之存亡。地理之八易順天氣之流行。關子孫之興替。並云須參考青囊天玉之機。自能略見一班。按大玄空飛星顛之倒之。名無定名。位無定位。若以謎語教人。鮮有不南轅北轍。所謂弄巧成拙者是也。或有以此圖質之養吾者。養吾既抱公開之旨。豈敢稍事隱匿。爰爲申而明之。質之先達。其亦以爲然乎否乎。

歷來講眞三元者。均用玄空。辨正全部。左挨右挨。江南江北。江東江西。所講莫出於此。大玄空挨星形之於刊本者。

厥惟錫山華氏湛恩。天心正運一書。養吾授業於此。曾聞
述及趣語。謂當時華氏授業於其門。爲時已久。而所授者。
厥惟玄空挨星。顚倒三八之理。此外別無所得。爲北斗打
劫之法未悟。忿而退學。謂曰。玄空之秘。乃至於如此。我今
已知者。不得不形於外而公之於世。因以付刋。焉此雖傳
聞之詞。而推之於歷來大家。暨章氏之秘。不無可信。查傳
心八易者。實即玄空顚倒三八之理。其原本以後天中五
立極。分順分逆。順則爲六七八九一二三四。逆則爲四三
二一九八七六。六變爲四。辰巽巳系之。七變爲三。甲卯乙
系之。八變爲二。未坤申系之。九變爲一。壬子癸系之。一變

爲九。丙丁午系之。二變爲八。丑艮寅系之。三變爲七。庚酉辛系之。四變爲六。戌乾亥系之。一而八之。八而一之。所以通變化。所以辨天心。顛顛倒。倒倒顛。洛書九數。每數有變。每變有八。一而變爲二三四五六七八九。二而變爲三四五六七八九一。三而變爲四五六七八九一二。四而變爲五六七八九一二三。五而變爲六七八九一二三四。六而變爲七八九一二三四五。七而變爲八九一二三四五六。八而變爲九一二三四五六七。九而變爲一二三四五六七八。此所謂八易也。此所謂八變也。八而一之。一而八之者。此也。其所曰傳心者。非口舌所能道。非筆墨所能書。在人運會之而已。養吾所定大玄空新羅盤。每卦列有九數。分陰分陽。分順分逆者。亦即傳心八易之意。明乎八易之道。則天心辨而青囊天玉之機得矣。三元九運二百一十六山向之玄空挨星明矣。坎本一數。一入中順飛而變爲六。逆飛而變爲五。坤本二數。二入中順飛而變爲八。逆飛而變爲五。震本三數。三入中順飛而變爲一。逆飛而變爲五。巽本四數。四入中順飛而變爲三。逆飛而變爲五。中本五數。五順飛而爲五。五逆飛而變爲五。所謂皇極是也。乾本六數。六入中順飛而變爲七。逆飛而變爲五。兌本七數。七入中順飛而變爲九。逆飛而變爲五。艮本八數。八入中順飛而變爲二。逆飛而變爲五。離本九數。九入中順飛而變爲四。逆飛而變爲五。此八易之一易也。八變之一變也。明乎此八易之一易。八變之一變。則八八六十四易。八八六十四變。舉一反三而瞭然矣。欲知已易之易變成之變。已在鄙著大玄空路透書中。閱者諒之。

●三大卦

玄空三大卦。經四位而起父母。一四七。二五八。三六九是也。一爲上元第一運。四爲中元第一運。七爲下元第一運。二爲上元第二運。五爲中元第二運。八爲下元第二運。三爲上元末運。六爲中元末運。九爲下元末運。經四位者。即由一至四。

輪値第四數。由四至七。由七至一。均輪値第四數。由二至五。
由五至八。由八至二。亦爲第四數。由三至六。由六至九。由九
至三。亦爲第四數。日經四位者此也。有此經四位之父母。然
後產生子息。以運爲父母。即以山向盤立極之星。及各宮交
會之星爲子息。以山向立極之星爲父母。即以各宮交會之
星爲子息。有父母。即有子息。有子息。則八卦定。經四位之父
母有定。山向立極之父母則無定。各宮交會之子息則更無
定。活潑潑地。非可拘泥也。

● 打刦

經云。不直達。則取勝無先鋒。不補救。則善後無良策。打刦者。

即直達補救之意。惟亦有定數。不可妄自竊取。以破軍爲卦者。臨破軍之位。即爲可卦之數。卦之而又不能獨得。須與離宮相合。方爲眞卦。註曰。從現在而逆數到第七。以第七數逆數到破軍本位。即爲可卦之數。能得眞卦。則一運兼收兩運之氣。在本運先用下運之神。本非我物而先自爲用。猶盜跖之卦物。故曰打卦。自一逆數至七爲四。再以四逆數至破軍本位爲二。即知上元一運可卦之數爲二。自二逆數至七爲五。再以五逆數至破軍本位爲三。即知上元二運可卦之數爲三。自三逆數至七爲六。再以六逆數至破軍本位爲四。即知上元三運可卦之數爲四。自四逆數至七爲七。再以七逆數至破軍本位爲五。即知中元四運可封之數爲五。自五逆數至七爲八。再以八逆數至破軍本位爲六。即知中元五運可封之數爲六。自六逆數至七爲九。再以九逆數至破軍本位爲七。即知中元六運可封之數爲七。自七逆數至七爲一。再以一逆數至破軍本位爲八。即知下元七運可封之數爲八。自八逆數至七爲二。再以二逆數至破軍本位爲九。即知下元八運可封之數爲九。自九逆數至七爲三。再以三逆數至破軍本位爲一。即知下元九運可封之數爲一。換言之。即每運之生氣是也。惟打封與乘生氣不同。其奧旨即在離宮相合一語。在傍六宮。即爲乘生氣。其力薄弱。在本宮。即爲打刦。其力大而久遠。猶人之儲蓄然。在傍六宮者。爲定期存欵。非俟到期。不能取用。倘宜假手於人。在本宮者。爲無定期存欵。隨時可以取用。不受外界拘束。淺言之。即在本運爲旺向。至次運仍爲旺向。在本運建立。可旺四十年。正運。非與離宮相合。則否。故每運之眞打刦。祇有一向。其說明已載鄙著大玄空路透書中。閱者按圖查看。自可瞭然矣。

●出卦與不出卦

卦有天卦地卦之分。顚之倒之。日往月來。在在之陰陽。在在之父母者。天卦也。離南坎北。震東兌西。二十四山者。地卦也。地卦可出。而天卦不可出。地卦雖出。而天卦仍不出。者出之

無妨。地卦出而天卦亦出者。爲之眞出。須合玄空五行。與來
水山龍。處處妥洽方可。否則即犯陽差陰錯。凶禍立見。經云。
已丙宜向天門上。亥壬向得巽風吹。亦即出卦之意。兼論兼
取之法。天門者。乾六是也。巽風者。即巽四是也。查四六運之
已丙亥壬山向。其地卦天卦之出不出。不難窺其頭末也。他
如三七運之辛戌乙辰。亦含天卦不出之意。辛亦有旺氣到
山。戌亦有旺氣到山。乙亦有旺氣到向。辰亦有旺氣到向。豈
非不出乎。

●龍空氣空龍實氣實

龍指體言。氣指用言。經云。山上龍神不下水。水裏龍神不上

山。此龍神。係隨時變易之龍神。所謂理氣是也。山有山之龍神。水有水之龍神。山有山之用法。水有水之用法。玄空大卦。顛倒顛之用法。不出到山到向。上山下水。及會合坐山向首一卦三者之外。山管山。水管水。到山到向為第一著。會合坐山向首為第二著。上山下水為第三着。龍空龍實。乃指坐山之形勢言之。氣空氣實。乃指坐山之用神言之。龍空之地。必求氣空。龍實之地。必求氣實。龍空氣不空。即為山上龍神下水。龍實氣不實。即為水裏龍神上山。故不論山龍水龍。坐實坐空。須合隨時變易之龍神。不犯上山下水。方可點穴。不拘拘於龍實龍空論短長也。總言之。空亦可。實亦可。空有空之用法。實有實之用法。明乎空實之法。則玄空之眞奧得矣。

●本山本向說明

洛書九數。每數有每數之吉凶。或應富。或應貴。各不相同者也。總言之。當旺者貴。失令者敗。非運運貴。運運敗也。玄空用法。隨時變遷。當坎氣旺時。即取子山子向。坤氣旺時。即取坤山坤向。震氣旺時。即取卯山卯向。巽氣旺時。即取巽山巽向。中氣旺時。即取中山中向。乾氣旺時。即取乾山乾向。兌氣旺時。即取酉山酉向。艮氣旺時。即取艮山艮向。離氣旺時。即取午山午向。所謂本山本向者。即旺本氣時。即立本山本向是也。上元有一一、二二、三三。中元有四四、五五、六六。下元有七

七、八八、九九。一爲向之一。一爲山之一。一爲向之二。一爲山之二。一爲向之三。一爲山之三。一爲向之四。一爲山之四。一爲向之五。一爲山之五。一爲向之六。一爲山之六。一爲向之七。一爲山之七。一爲向之八。一爲山之八。一爲向之九。一爲山之九。經云。乾山乾向坤山坤向卯山卯向午山午向者此也。有乾山乾向而無乾水乾峰者。必無狀元之出。有坤山坤向而無水坤流者。必無富貴永無休之應。有卯山卯向而無卯源水者。必無碩崇之富。有午山午向而無午來堂者。必無大將入干之應。氣與形合。形與氣通。方有是應。此無他。總不出天心橐籥而矣。不拘拘於某山某向。必宗玄空之交會已也。乾山乾向者六六也。坤山坤向者二二也。卯山卯向者三三也。午山午向者九九也。質之高明。其亦以為然乎否乎。

●四個一四個二

經云。江東一卦從來吉。八神四個一。江西一卦排龍位。八神四個二。此語有含深意。實則不過取用生氣而已。江東者。震卦也。當三運時。上元將盡。一卦不能兼通兩卦。必取將來之氣以承之。八神四個一者。即八神中取四個一是也。四個一合成四。即在三運時。當兼取四綠之氣是也。江西者。兌卦也。當七運時。雖為下元之初運。一卦仍不能兼通兩卦。必取將來之生氣以承之。故曰四個二。四個二合成八。故當七運時。

必取八白之氣以承之。下句曰南北八神共一卦者。即其餘江南江北各卦。共此江東江西一卦用法。兼通之。則端的無差矣。即在一運時取二黑。二運時取三碧。三運時取四綠。四運時取五黃。五運時取六白。六運時取七赤。七運時取八白。八運時取九紫。九運時取一白之類是也。

●取輔不如取三吉

天元取輔。人地兼貪。已成萬古不易之語。經云。貪狼原是發來遲。坐向穴中人未知。立宅安墳過兩紀。方生貴子好男兒。又云。取得輔星成五吉。山中有此是眞龍。貪狼左輔。本爲吉神。然用失其所。亦能爲禍。秘旨云。流道在坎宮。遺精洩血。坎宮高塞而耳聾。又曰。艮破碎而筋枯臂折。山地被風吹。還生風疾。紫白賦云。八白同臨而添丁不育。於此可見貪輔之爲用。非拘拘於悠久也。在天元二運時。八白爲零神。即至其當令之時。已距百數十年。人地兩元至一白當令時。亦距百數十年。惟在下元將盡之時。五吉已成三吉。自以兼貪爲宜。三吉者接氣近而獲益多。與其賒欠。不如取現。先師教人取輔之法。非舍近就遠之詞。爲能先收三吉再取五吉悠遠之氣是也。上元一二三。中元四五六。下元七八九。上元二三四。三四五。中元五六七。六七八。下元八九一。九一二。氣運貫穿。不稍間斷。故此云云。

●雙山雙向

二十四山兼取之法。總不出五分出五分。三合家謂之空亡向。三元家謂之雙山雙向。此向惟空門中用之爲多。取其空而又空也。至於普通家。爲用甚少。因其吉凶參半故也。萬不得已而用之。必左右前後形勢。氣力相等。立某山向。則某水某山不利。立某山向。則某水某山不合。左右爲難。惟有多兼分度之法以補之。多兼分度。則勢成雙山雙向。左右前後勢均力敵。凶不全凶。吉不全吉。此惟陰宅間或用之。至陽宅。則還以不用爲上。

●再論男女命宮與大玄空五行之關係

男女命宮星相冢用以配合上中下婚姻。及東西四命。實則皆非作者本意。紫白乃三元之本。男女命宮原本紫白。豈非命宮與玄空有密切關係在焉。故玄空交會。命宮受尅者。輪値年月紫白。飛到本宮。再得見形見氣。則凶禍立見。前著大玄空路透中。已論及此。惟其推算法。尚未詳註。今不得不再加說明。男命上元甲子起一白。中元甲子起四綠。下元甲子起七赤。女命上元甲子起五黃。中元甲子起二黑。下元甲子起八白。一順一逆。按訣推算。男命上元甲子生一白。乙丑生九紫。丙寅生八白。丁卯生七赤。女命上元甲子生五黃。乙丑生六白。丙寅生七赤。丁卯生八白。依次類推。茲將養吾所經歷者。記載於左。滬南某宅。係上元三運子午癸丁山向。離門緊閉不出入。在宅之震卦開門二。常時進出。宅主戊辰生。命宮屬六白。此宮火金相尅。乾爲老父。宅主多傷。據稱己病年餘。且極危險。養吾即勸其將震門不走。改用離門。內門改走艮坤兩方。取旺氣輔星。以制化之。不久即愈。又某宅同運壬丙子午。開兌門。幼房七赤命宮。同類、相尅。多孤獨之人。據云。夫婦反目己數年。即令將兌門不用。以資挽救。命宮與玄空之關係。於此可見一班矣。

●九貧一發

凡陰陽各宅。同在一地。往往有某宅發。某宅貧。某墓發。某墓貧。或以爲各人生命之不同。實則非地理之關係。天運之不同。有以致之也。堪輿不出體用二字。體則人人得而求之。猶人之衣服然。某爲布。某爲綢。一望而知。用則隨時變易。窮通莫測。狐雖好。而用於夏令則爲害。葛雖美。而用於冬令則爲禍。其爲害爲禍者。非狐葛之能殃人。實天時之不同爲之也。陰陽宅之九貧一發者。亦猶是也。楊公取爲比例。極言體用之有密切關係。非某地終貧。某地終發也。合時則貧者發。失時則發者貧。襤褸之衣。尚可避風雨。糟糠之食。亦能充飢饑。在乎用得其宜耳。

● 經驗一端

人之閱歷。隨年歲而進。非三元一端如是也。養吾十九而從師。迄今十六年。所建陰陽各宅。不下數千種。初以爲得法歸來。天下無敵。繼則細心經歷。數年後更覺其難。而不見其易。再數年。而尤覺更難。左以爲妥而右不合。此以爲是而彼以爲非。體既合矣。而用不合。用既合矣。而孟仲季各命宮有礙。取其財。而少其丁。旺其丁。而財則薄。合其男丁而女丁欠寗。顧己則妨人。顧人則礙己。適其境也。如臨大敵。檜林彈雨。四面楚歌。雖云擇其善者而用之。然在此方寸之間。論其短長。判其吉凶。殊非易易。甲問而領之。乙詢而點之。不知者疑爲痴聾。實則當此時也。如負千鈞在身。無暇顧及其他。語云。醫生誤一人。地師誤一門。可不慎歟。

●堪輿亦濟世之一

語云。良醫濟世。因人人不能無疾病。人人不能不延醫也。竊謂堪輿實與醫藥並行。人人不能不講陰陽。生養死葬。在所不免。今人所以闢之曰迷信者。實爲術士誤人致之也。古人恆以翻尸覆槨爲戒。不可爲不防之於未然。實因其道隱秘。無人能窺其顚末。易爲人所欺耳。養吾一本濟世之旨。與醫學相上下。公開以傳道。救貧以行道。寧爲江湖所吐駡。不爲俗流所汚溺。以四海爲家。以天地爲旅。至成敗與否。聽之天而已矣。

●用干支與天星

陰陽家選吉。普通者。均用干支。實則干支非以之選吉。實以之記歲。故蔣公採用天星。不用干支。當時咸驚駭之。以爲神煞乃最凶之物。至人不可侵犯。惟採用天星。可以不避神煞。不論何時。可以興工。可以動工。蔣氏之後。迄未有人行用。惟清末謝一團鄉瓏先生。深知此訣。曾著天元選擇辨正。風行於世。恐人不之信。其陰宅陽宅造葬。特選最凶之神煞而犯之。迄未絲毫見凶。當時遠近謠傳。謂有異術。能制三煞。實則非也。用天星選吉。始于三代。後人畏難苟安而忽之耳。猶今之三元法然。自唐之後。風行三合。反置數千年最古之三元於不問。可勝浩嘆。今而後。宜仍遵古道。以喚起天星爲用。至其用法。容後詳述。

●說太極

太古無天地。先有太極。有太極。然後萬物生。天地有天地之太極。人有人之太極。萬物有萬物之太極、所謂物物一太極是也。太極既立。然後方向定。方向既定。而吉凶於是乎分。未立太極之先。則一舉一動。無分主客。無分吉凶。太極者。猶天之樞紐。人之腦海也。有天然之太極。有人造之太極。飛潛動植。天然之太極也。器械物品。人造之太極也。有人造之太極。而後天然之太極附焉。陰陽宅之太極。即人造之太極也。太極既定。則處處有經緯。處處有子午線。處處有東西南北。處處有八卦方向。某也吉。某也凶。一定不易。如陰陽宅未立之前。則太極未定。無方無向。無吉無凶。一任吾人爲之可也。故凡陰陽宅。如欲剪裁。須於未立太極之先。剪裁在先。太極在後。則一草一木均爲我用。太極在先。剪裁在後。則一草一木。均爲太極所阻。故曰太極有人造天然之分者此也。人即太極。太極即人者。亦此也。

● 體用並重

自古談地理者。不曰巒頭。即曰理氣。不曰理氣。即曰巒頭。類皆偏於一隅。不知二者相爲表裏。氣附於形。形附於氣。猶電燈之爲體。電氣之爲用。無體則用不附。無用則體不靈。亦猶人之有軀殼。有靈魂耳。然體之美惡。盡人而知。試有一人焉。其面貌之如何。身章之何若。雖童子均能識之。至其性情之善惡。貲質之高下。須有識者。方能辨其得失。又如食物然。當其炊餐之初。食之則香脆適口。如失其烹調之時。則雖山珍海味。不適於口矣。此巒頭之易識。理氣之難辨。亦盡人得而知之也。故歷來講地理者。巒頭之法。已公開盡淨。坊間刊本。不下數十種。隨手拈來。閱之皆井井有味。無庸索解。惟理氣則皆守爲寶筏。各是其是。各非其非。即同爲三元。而用法不同。如蔣大鴻之所解辨正原本玄空顛倒之義。而後人硬以六十四卦之易理。翻成顛倒。以爲闡發蔣氏之秘。不知堪輿之道。乃天文地理之道。張氏心言註疏。硬以六十四卦。配成得失。已失其所以。地理可以六十四卦判斷吉凶。天文何以不用六十四卦。推其日月晦朔。經緯宮度。然歷來談天文者。未聞以六十四卦爲言。均以七政四餘爲準。不知易之六十四卦。另具深奧。先聖先賢皆精究之。乃關乎天運之消長。張氏焉能道之。地理上所用者。乃周易之一部份耳。如繫詞之類是也。今世不察。以爲地理須用六十四卦。誤爲蔣氏眞詮。不知乃張氏心言別開生面。以博聲譽之一舉耳。其於輿道何益哉。簡言之。六十四卦之理氣。乃聖賢王霸之道。非堪輿之理氣也。經云。翻天倒地對不同。其中秘密在玄空。此乃蔣氏之眞詮。理氣之妙道也。有其體。即有其用。有其用。即有其體。其地之發不發。靈不靈。乃時運之所繫耳。故有此地宜於此運。彼地宜乎彼時。得其時則發。失其時則不靈。能體用兼得。則必發必靈。一定之道也。謂余不信。請覆舊墓。即可瞭然矣。

●再說體用

地理形家。載有何星何體。應出帝王。何星何體。當出公侯。此雖恍惚之詞。而體格之高下。堂局之大小。乃一定不易。毫無勉強。有其氣。即有其形。宛如物類然。金則爲金。鐵則爲鐵。玉則爲玉。石則爲石。不能相混也。惟其此地應於何時發祥。何時得力。除非用玄空理氣推算不可。地固吉矣。而用非其時。則雖爲金玉。而不免鐵石。地固不吉矣。而用得其時。則雖爲鐵石。而猶可爲之金玉。養吾歷復舊墓。往往堂局甚大。而用非其時者。詢之土人。云已一敗墮地。或則丁財兼傷。堂局或平平。而用得其時。詢之土人。云有丁財大發者。或間有小貴者。總之無所謂形家與氣家也。形氣不能稍離。猶人之體質與靈魂然。體各有體。用各有用。萬無脫離之理。惟形則向來公開。氣則向守秘密。養吾近著各書。言氣不言形。非舍形而求氣。實欲將氣悉數公開之而已矣。閱者諒之。竊願世之研究輿道者。再以形家之書。兩兩相參之也可。

●向首一星災福柄去來二口死生門

此語載蔣公天元五歌陽宅篇內。養吾設社以來。各方持此見質者不少。此語實爲陽宅最要之關鍵。經云詩三百。一言以蔽之。曰思無邪。堪輿理氣各法。一言以蔽之。亦不過向首及水口而已。陽宅最要之處。厥惟大門氣口。左右及後方。如有窻門。其氣尙靜。養吾歷卜各家陽宅。屢試屢驗。凡其宅向首有旺氣者。必發生氣。尙屬其次。至於衰死在向首。勢必一敗無餘。所謂旺氣。即當元之令星是也。如四運。四綠爲旺。五爲生。五運。五爲旺。六爲生之類是也。如三運之陽宅。子午癸丁。均令星到向。壬丙則向首爲二黑衰氣。今交四運。則壬山丙向令星到向。子午癸丁。則向首爲三碧衰氣。故陽宅開山立向之最要者。須向首有令星飛到。乃爲最吉。至於陰宅之與陽宅。畧有不同者。因陽宅之動處。厥惟氣口。左右均墻壁。其氣靜。即宅外有形有氣。在宅勢必難見。陰宅則否。令星到向亦可。到山亦可。總以水口及來龍入首等處爲重。因陰宅前後左右。皆無堵塞。有形有氣。一望而見。在穴均得其氣。水之力量最大者。惟來去水口。至於過堂之水。毫無效驗。如向首有生旺之星。兼有水口則吉。如向首無旺氣。水之來去口輪值生旺之星則亦吉。如向首既無旺星。及有力之水。去口來口。又無生旺之星。則勢必一敗墮地。凶禍頻頻矣。如三運子午癸丁之墓。向首有令星交會。本可謂吉。惟形勢全無。並無水口三叉聚水。所有三叉明堂聚水。均在傍六宮。則山向雖吉。而用不得所。亦能召禍。又如三運壬山丙向。向首雖爲二黑衰氣。然向首形勢。並無水口三叉明堂。所有三叉明堂。均在坐山。或其他生氣輔星三吉五吉之方。則山向雖不旺。而用得其宜。定可發福。故陰宅陽宅之區別。在此一端而已。所謂災福之柄。生死之門者。此也。茲特不憚煩瑣。用敢表而出之。以告屢屢質疑者。

● 看陽宅法

經云。位位生來。重重尅入。用者恆誤以五行之生尅爲斷。不知論五行之生尅。惟命宮與玄空五行。及年月紫白。有此看法。至陽宅之大門二門內門。則不能以此板論。如在第一重門看法。則將羅經安定第一重門上。看門之外面水口道路橋梁山峰等。一切形狀。須處處在山向盤玄空五行之生旺方。此之爲第一重門之位位生來。反之即爲重重尅入。看第二重門看法。則將羅經安於第二重門上。再看第一重之氣口在何方。在生旺方。即爲第二重門之位位生來。在衰死方。即爲第二重門之重重尅入。至於宅外之水口道路。及一切形勢。則概可不管。至於第三重第四重。及一切內門看法。按照隨間論間之法。則絲毫不爽矣。如按照上海房屋看法。如一宅三間兩廂房。大門開在中間。看大門向之吉凶。須將羅經安於大門上。看門外之道路水口在何方。即可知其一宅之吉凶矣。如住在東廂房者。則大門氣口。必在坤卦。住在西廂房者。其大門氣口。必在巽卦。看其有無生旺之氣。抑或衰死之氣。則東西廂房各人之吉凶。當然不同。明此。則陽宅之看法得矣。

談氏三元地理大玄空實驗卷一終

談氏三元地理大玄空實驗卷二

三元奇術研究社主任武進浩然談養吾著

第三章紀載

●記我邑陰陽宅之風俗

我邑地勢平坦。多膏腴之地。山龍少而水龍多。故陰陽宅之建造。較他處爲講究。惟地脈嫩薄。發跡易而難久遠。故數代不替之家。殊不多見。然較之近海諸區則稍勝。物產多華麗品。人性敏而能文。爲蘇省之中心區。村落連綿。大則數百家。小則數十家。多瓦房平屋。居十之六。高樓居十之四。皆坐實朝水。前後多樹少竹。塲上舖以磚石。而平土者亦多。平屋高丈餘。高樓約二丈左右。在村落略少。在市鎮居多。近市多石路磚路。皆慈善家舖之。當造屋時。必先請地師相卜。擇定吉期。然後動工。上樑時。水木工同到。宅主備糕糰角黍。由最高之樑上拋下。口說吉語。先向主人拋之。後向衆人。齊拋東西南北。拉雜擲之。俗云搶拋樑。其時左近男女老少。麕集如蟻。得之者。歡聲如雷。以爲最樂之事。樑上繫以紅布袋。袋中置錢數枚。取帝號之吉利者。如太平嘉慶等類。並置有萬年青一顆。取興隆萬年之意。繼之賞水木工以利市及酒筵。此陽宅之大概也。至陰宅之建造。則用土工。俗名甲子。凡人之初喪也。必在三日內入殮。視天時之寒暖。及死者年齡。出入行之。既殮之後。則安置堂上。至其出殯之期。普通三日。或五日。或頭七。均不擇吉。俗名血喪。如山向通利。則於出殯日葬之。如山向不通利。則暫厝田間。用草薦蓋之。或用瓦蓋之。然此風尚居十分之二三。而在夏令居多。因田間多水難葬之故。至冬令則葬者多而厝者少。葬時擇定山向。土穴居多。深則二三尺。四五尺不等。上覆以泥。築以圓壙。向首空一缺門。以防遠年磨滅。武邑不及錫邑。常邑松林絕少。錫邑則過之。此非建造者之不栽。因風土略有不同之故。堪輿家多三合。而少三元。惟無心道人一派。尚有一二。然不易請教。鄉人以便就便耳。近惟業師楊先生最廣。惟地勢遼闊。分身不及。去冬患疾以來。地方更歎人少耳。

●寧揚遊記

江寗爲我省省會。督省兩長駐焉。養吾久有一遊之志。所恨羈身於俗。無暇及此。欣於今年夏得李先生瑞九之約。遂同往焉。是日乘江華輪起程。行計三十餘小時。江水洶洶。誠壯觀也。沿江地多窯。下多水少山。惟在近寗一帶山龍較多。抵寗後。雇轎出南門經王家莊。馬頭山周村。牛頭山。而至叚家窯。遂憩於此。是地山龍較他處爲不同。綿延如瓜籐。處處開面。砂分龍虎。惟山多平。龍氣脈似緩。見有結穴之處。尙未葬用。詢之土人云。地師多三合家。陰宅均簡略。不求精細。陽宅多草屋。而少瓦房。河道絕少。鄉人往來。均乘驢馬。並以耕種。一村三數十家。驢多五六十頭。惟在古里村板橋善橋一帶。皆大河。可通船隻。並有馬路。在鄉五日。所見不過如此。即由寗轉赴揚州。應黃先生益之之請。黃君係維揚實商。信用素著。其陽宅在西城。係南北山向。內五行均吉利。其陰宅係二三運東南山向。水法極佳。惟地勢低窳。少龍氣。似嫌丁衰。即以補龍之法告之。事畢。與戴先生北山等同遊平山堂及仙人掌等處。此地均崗龍。戴先生新遷祖坟等。均爲代卜。天下第五泉。即在平山堂。並有宋六一居士像照存焉。此山與鎮江金山。遙遙相對。勢甚壯也。在瘦西湖雇一小舟。經徐園小銓山。是日天適微雨。黃先生招待周至。於徐園設宴寬待素食。內有荷花缸二。均係鐵質。重約數千金。據云係先朝古物。佈置極佳。亦維揚新闢之勝境也。傍晚道經盧氏。坆查碑記係三運乙辛卯酉。向對五亭橋。坤乾兩宮均瘦西湖闊處。均合。惟向首直河直達當面。所距不過三數丈。似嫌不合。未免損傷。且地勢窊下。未免水穴。歸寓時已薄暮。明日即歸。查甯揚地脈。一高一下。不啻霄壤。甯地曾建都。並爲省會。揚地則雖經隋帝南下。轟然一時。迄今成爲古墟。亦地脈有關也。

●蘇錫遊記

時値夏令。本非遊歷之時。然春夏秋冬四季。各有樂趣。因謝君簪蓀之約。遂同往焉。先至錫邑廟港橋。代卜仁昌絲廠。該廠原係三運癸丁子午向。首大塘河。自庚酉辛來。消巽方。畧有反形。右有枝浜一。後爲滬寧路。據云該廠自開辦以來。疊更人經理。均失敗。按地勢兌方來水。尚不合用。巽方消水。形氣亦不妥。現在巳交中元。應改西南坤向。令星到山到向。離方六白吉神。來水輔星亦吉。巽水不見。內門亦稍更改。將來應可順利。午後赴青山灣。此地以龍山爲龍虎砂。前山作案。寺名青山。爲起脈正身。應主發地。廟貌森森。現又添造新屋。係壬山丙向。在四運。體用兼得。定卜香火連綿。下山轉赴楳園一遊。園內楳樹林立。布置極善。誠城西第一勝境也。內有學校一。即園主榮先生創設。先生爲實業家。樂善好施。名震遐邇。傍晚回城。再遊公園。紅男綠女。足跡相連。因時值夏令。大都來園乘涼。作消遣之樂耳。明日謝君又有蘇州范坟之約。遂赴焉。是日天有微雨。幸交通便捷。不爲裹足。至蘇即雇小船一。經楓橋西津橋。直達天平山。轉雇小轎二。遂上山焉。至天平。見山上風石壁立。形如朝笏。相傳范坟本爲絕地。一夜雷雨。變成活地。名曰萬笏朝天者此也。養吾竊察范坟形勢。與堪輿之法。實有不能已於言者。竊爲當時未使不用相地家卜之。左右龍虎砂。前面小珠作案。兩傍澗水作界。已成天然局勢。即使現在地學家。亦必以爲可用。於此可見絕地之說爲不確。乃體用兼得之應也。未知識者其亦以爲然否。遊范坟約三小時。回經蘇城某巨商壽坟。用石工建造。據云工程已數年。可爲壯矣。細按地局。係水龍甲庚卯酉坐空朝滿。巽水入口。左水環繞。可知非三元家用事。至楓橋遊寒山古寺。訪陶先生福庭。先生爲博學家。精古學。於三元爲尤深。敘談一小時。回寓。翌日再遊玄妙觀。內中古蹟極多。惟屋宇傾坍不堪。大有今昔之嘆矣。是日乘滬寗車道經崑山下車。再赴陳宅卜吉。傍晚而返。

●滬東陰宅概況

滬江地瀕東海。爲萬水歸宗之所。中爲浦江所隔。其氣緊聚浦西。故市場會萃於此。至浦東方面。則脈氣稍緩。惟較之平洋窊下之區。尚稍勝耳。養吾未至其境。以爲其地必窊下不堪。定多水穴。非堆做不可。今春爲川沙顧君昔孟之請。遂經其地。竊觀此處陰宅已葬者果皆堆做。未葬者皆暴露於外。閱之心爲不忍。詢之土人。據云。因爲無吉地。故而不葬。養吾以爲不然者在焉。該處地果鬆弱。而龍氣尚佳。非一片汪洋之地可比。最低之地。龍在地面行。欲接龍氣。故從堆做。竊按浦東一帶。龍尚在地下行。泥色淡黃。應與平陽之地相等。今堆做之。是已脫氣。所謂南轅北轍是也。按葬法。本以愈速愈妙。暴露久遠。則生氣絕滅。欲得天地之靈氣。更見其難。古天子七月而葬。諸候五月而葬。士大夫三月而葬。庶人逾月而葬。其法可爲詳矣。而後人泥於吉地難會。而竟至暴露若此。可勝浩歎。按此風不特滬東若此。他處類此者。亦比比也。死者已矣。生者何安。而拘拘於祖宗之枯骨。以求福利。捫心自問。已失孝意。生養死葬。爲吾人應盡之責。今有一人焉暴露其體。置之烈日風雨之中。而凍餒之。哀號之聲遍於野。而求援於我。我心安乎。所謂惻隱之心。人皆有之。吾人既死而受此暴露之苦。哀號於冥冥之中。而人不知覺。安乎否乎。吾於滬東一隅。進以忠告之語。快取急葬之法。以妥先靈。勿謂地脈不佳。而久久暴露也。謂予不信。且待來年。當知鄙語之爲不誣也。至其將來所得之樂利。堪輿上用法之若何。容後續告。

●記嘉定一遊

嘉定爲蘇省文人藪。竹刻亦最有名。同學趙君飛六。久有此約。未果行。去年臘月。却喜有陳先生灝泉之約。十四日。適爲南翔宓姓營葬。留宿一宵。十五日。陳君到翔。偕往。是日天時晴明。由翔乘輪赴嘉。路計二十四里。川資兩角。至嘉時。約在上午十一時。即僱客船一。經練淇至東門。離城五六里之某村午饍。陳君祖璧亦在於此。係上元三運癸丁山向。地勢堂局堪佳。路經某氏墓。問係二運寅山申向。向對城塔。震宮出口。巽方大水汪洋。離坤向首均有水。惟力稍緩。無濟於事。據土人云。自葬後三十餘年。傷丁三十餘。連年小口青年人不利。幸闔宅人丁素衆。尚有數房經商。查秘旨所載。不尅我而尅我同類。多鰥寡孤獨之人。所謂旺氣受制。自有此應。所幸傍宮水法尚佳。否則不堪設想矣。據云當時向對城塔。取其文筆之意。不知文筆須有文星。乃可應驗。否則反爲凶煞耳。及歸。途遇某大律師。縱談天下事。兼及堪輿。謂此乃孝子仁心。不得不盡。非事求福。足以避禍可矣。養吾深贊其意。當時陰陽原道。亦本此旨。後人畏之若蛇蝎。尊之如神靈。一舉一動。必本陰陽。實則大有不然者在焉。萬事必求中庸。過猶不及。均非其道。在人擇其善而行之可也。

●洞庭一遊

洞庭地頻太湖。四面環水。爲蘇省富饒之區。今年五月。與薛君浩豐。席君啟孫。謝君蓉蓀等往遊焉。至其地。觀夫山勢挺秀。最高者爲莫釐峰。蜿蜒向南。分枝開窩者不少。是日先至山巔。一察大勢。次日即赴天津灣尋龍。是處山勢雄壯。堂局深遠。傍經某當局祖塋。按碑係光緒癸未一運壬山丙向。正坐莫釐峯。穴落平洋。左右水合聚向首之玄。消巽方。此葬後應可得力。三四運更旺。按之體用。可稱三元不敗之局。次日又至俞塢尋龍。此處堂局寬大。據云爲洞庭最有名之一塢。

步行入塢。見左右名墓林立。大都皆側形。惟最深處尙有眞結。路經某洋行買辦某氏祖塋。係同治四年乙丑。乾巽亥巳。本身落脈。蜿蜒生動。向首太湖遠眺。此山亦爲發祥之地。一運三運最得力。丁財兼優。勢所必然。中元四運則稍遜。又見葉氏祖塋。嘉慶七運。酉卯辛乙。一吉之局。失運即不利。又某氏陽宅。三運乾巽亥巳。令星顚倒。門行震宮。建後即不利。鄙即勸其四運大修。以迎生旺之氣。定可大發。其餘從略不載。次日歸寓。又應某氏之聘。轉赴木瀆。爲其一決墓地。該地係甲庚局面。水法均合。惟嫌地近大河。氣脈稍薄。交下元後。恐人丁稍衰。地理之難。乃在乎此。

●粵遊一束

粵省爲風水最盛之區。歷觀古來大家。均以此爲發軔地。養吾自設社以來。屢有人勸往一行。因羈身交通。分身爲難。迄今年夏六月。因事離職。專事三元。遂得固行。陳先生傑初。以此行相約。遂於六月初四日。乘綏陽輪起碇。初七日至廈門。登岸遊鼓浪嶼全境。登日光巖。見怪石挺立。上刻棲雲二字。查所刻石字。均宣統年間居多。諒係近代所闢之勝境也。山之東南隅。見有一墓。按碑記係光緒庚寅年戌辰兼乾巽山向。坤離巽海水汪洋。本身風石高壓。體既不合用。亦隔雜。友人問以吉凶。鄙即下以斷語。乃丁衰財薄之局也。恐香火已絕矣。人皆頷之。下山至洞天酒樓西餐。記某廟一聯云。波紅光浴日。嶼碧浪排天。此語極佳。輪停五小時。復起碇。行二十四小時。至香港。因時已深夜。停泊筲箕灣。至初九晨登岸。前某財廳長及某氏。已備汽車等候。遂登車駛往羅便信寓所下榻焉。午後。乘汽車爲其一卜新宅。明日周遊香港全境。車行約五小時。經某爵士祖塋。查碑記係二運庚甲。其葬時係一白運。向首山水合朝之玄。出坎。坎卦海水湧聚。三運發數千萬。本身開面眞結。乃體用兼得之大地也。即晚爲某銀行陸某陶園之宴。次日渡海。乘汽車遍遊九龍全境。至元朗鎮。時已正午。遂停車中饍。既畢。復上車。環山而行。共約八小時。

復至發軔原處。已全境風景印入腦海矣。語云。遺山倒海。觀平九龍一隅。可以信矣。有前爲山。今爲平地者。有前爲海。今爲市塲者。於此可見人定勝天之功效矣。次日復遊香港山巔。俯察落脈之厚薄。宅之在嫩枝者。均爲發祥之家。在澗水相冲之區者。均多駁削。若某大老之宅。適當其衝。凶事頻頻。同行者領之。十四日乘輪轉赴香山。行約八小時。川資兩元五角。此處離城尚遠。爲民國某偉人之發祥地。歷觀該處諸大名山。其工程據土人云。動輙數千金。或築以磚。或築以石。且一山均有動物之名。此處諒多喝形家。多山少平地。山多小砂。砂中之石。皆卵圓形。易於遷徙。非我省之石排綿亘也。

山上多松少水草。壳頭者居多。諒係熱帶溫帶之別耳。是行爲時僅匝月。所卜舊墓。不下數百種。普通者實難盡載。茲舉其一二。聊作參考。某氏祖塋。係九運辛乙酉卯。交上元一白運。大發科甲。至二運修之。即大敗。土名猪肝膽。穴中之乳。自爲結地。而其體雖合。其用不符。修之則卦氣變換。應主大敗。故堪輿之最難者。在此一點耳。又該處李某爲人卜葬。已三十餘年。其所點穴場。皆過峽處橫騎龍。據云無一家發祥者。其自稱名師。乃怪僻如此。某日。往觀前清閩浙總督某氏祖墓。地名出水象。堂局雄壯。向對海口。乃大地也。查係辛乙酉卯。據云係明時所立。惜無碑記。考其葬時元運。然有此偉大之體。自有發祥之時。不過時運之遲速耳。象之本身爲白米山。龍向東行。白米山西爲黃龍出洞。蜿蜒如生。此處名墓林立。屬何氏者居多。皆辰山戌向。堂局寬大。即近代他姓所立者。亦皆大發。地理之關係人事。毫無疑義也。返茶元路經一地。友人云。請爲一復吉凶。竊觀墓貌森森。堂局尙佳。按碑紀戊午年立辰山戌向。坤水來朝。經離消巽。兌卦乾卦小水。鄙即下以斷語曰。此墓做後即凶。無一年得利者。據云庚申年主人亡。後生一遺腹子。數月即亡。現已敗絕云。此水法不合之關係也。理氣之驗如此。又覆某財長祖墓。二運癸丁山向。向首三山朝拱。坤水合聚。三運財源大旺。又某氏墓。名燕子撲樑。查係七運坤艮申寅。向首高山矗立。坐山秀山更高。同治丁卯庚午中舉。惟多損傷。此四一同宮科名頓發之意也。惜七赤破軍得勢。是以多傷。能在一四運修之。則大吉。翠亭某大偉人祖塋。九運戌辰乾巽腰裏結穴。可稱午山午向午來堂。其宅二運寅申甲庚。逆龍逆局。在中元宜乎修建。據鄉人云。昔白鶴仙鈐記有云。土名黃草崗。萬頃作明堂。金星塞水口。燕石在中央。鯉魚朝北岸。旗鼓在南方。誰人尋得著。代代出君王。或即此地。此乃鄉人士談。極有趣味。因以記之。聊作參考。又某氏陽宅。一運亥巳。入宅大門在丁方。建造未數年。即大敗。按玄空五行。離宮爲五黃。此時尚屬死氣。自主不

利。如當時行巽門。則迄今尚可大旺。三運並可添丁。其凶全
在氣口。闇者豁然。又某宅一運乾山巽向。三間兩進。廚房在
正宅之西。入廚內門。正在兌方。此方七四交會。金木相尅。在
三運時更凶。鄙即勸其將兌門閉塞。否則癆病血症不免。主
人云。已出血症三人。並產啞子二人。兌為口。自有此應。七月
初八日。遂乘新寧輪返港。當因地方不靖。即請常駐該地之
某營長護送登輪。到港時已深夜一點。仍寓舊東處。翌日為
容姓卜新宅。基係西南寅申艮坤局勢。海水汪洋。案山朝拱。
中元最合之局也。又鄰居某姓。新建甲山庚向宅。氣運稍促
耳。次日乘佛山輪赴省。當因人地生疎。雇車遍遊各勝境。至

第一公園。內有音樂亭。係南洋烟公司簡氏所建。花卉極多。空氣新鮮。記亭樹一聯云。消酷暑爲清涼世界。適飲啄。便富貴神僊。盤桓片時而出。路見各兵士及商團排隊行者數起。某街高搭翠樓。係恭祝成立慶典。記其一聯云。民氣歡騰。喜璧壘一新。且看大地河山。分耀祥輝星九點。妖氛毒掃。願烟烽四靖。盡撥漫天雲霧。常留正色日重光。時因酷暑。遂於涎香樓煮茗。並至大新公司屋頂。一察省垣全境。四面洋房林立。多山多水。其面積較之滬濱則稍遜焉。次日仍乘原輪返港。此遊時雖極短。而全城風景已略見一班矣。到港後。諸友尚堅留數天。欲研求三元古學。遂畧爲開導。十五日。仍乘綏陽輪返滬。十九晨抵埠。往來幸獲風平。未致暈船。亦最樂之一事也。聊誌數語。以資不忘云。

以上遊記。共計不過三數篇。因昔曾兼任交通職務。所有各地邀請。無暇分身。今年春。諸同志屢以專職相勸。遂決辭兼任。專事研究。得略遊數地。以後東西南北。定無稍暇。所有記略。後當續載。閱者諒之。

談氏三元地理大玄空實驗卷二終

談氏三元地理大玄空實驗卷三

三元奇術研究社主任武進浩然談養吾著

第三章書信

●南京來函

五月三日手示敬悉。廣告費。前途既不願受。自應寄上。茲郵匯大洋兩元。又天元選擇四本。均祈檢收。前登新聞廣告均由二舍弟紹介。區區之意。何足挂齒。登報之後。羅經有無問津者。念念。舍間所辦甲山庚向之塋地。茲繪圖呈閱。該地巽方有龍無水。七雖凶星。似居弱地。惟今年年紫白七赤居於巽方。金力不免又強。若本年十月安葬。是月紫白七數又至巽位。路透云。本人命宮已經受尅。若再值年月紫白重重尅入。則凶禍立見。是該地與命宮三碧之丁。顯有危險可知。弟擬該地能年月紫白變動。即可無碍。或改至丙寅年再葬。如改月不改年亦可。葬即擇吉日爲之。是否可行。敢煩再代裁酌。以定行止。再者。凡人口衆多之家。每一山向。總是命宮有利有不利。若處處遷就。則難乎其難。弟以爲若遇此種山向。只可避重就輕。能保無大妨碍足矣。或此坟山向不利。再葬他坟以補救之。不識高見以爲何如。肅此奉懇。敬頌道安。

●附甲山庚向圖

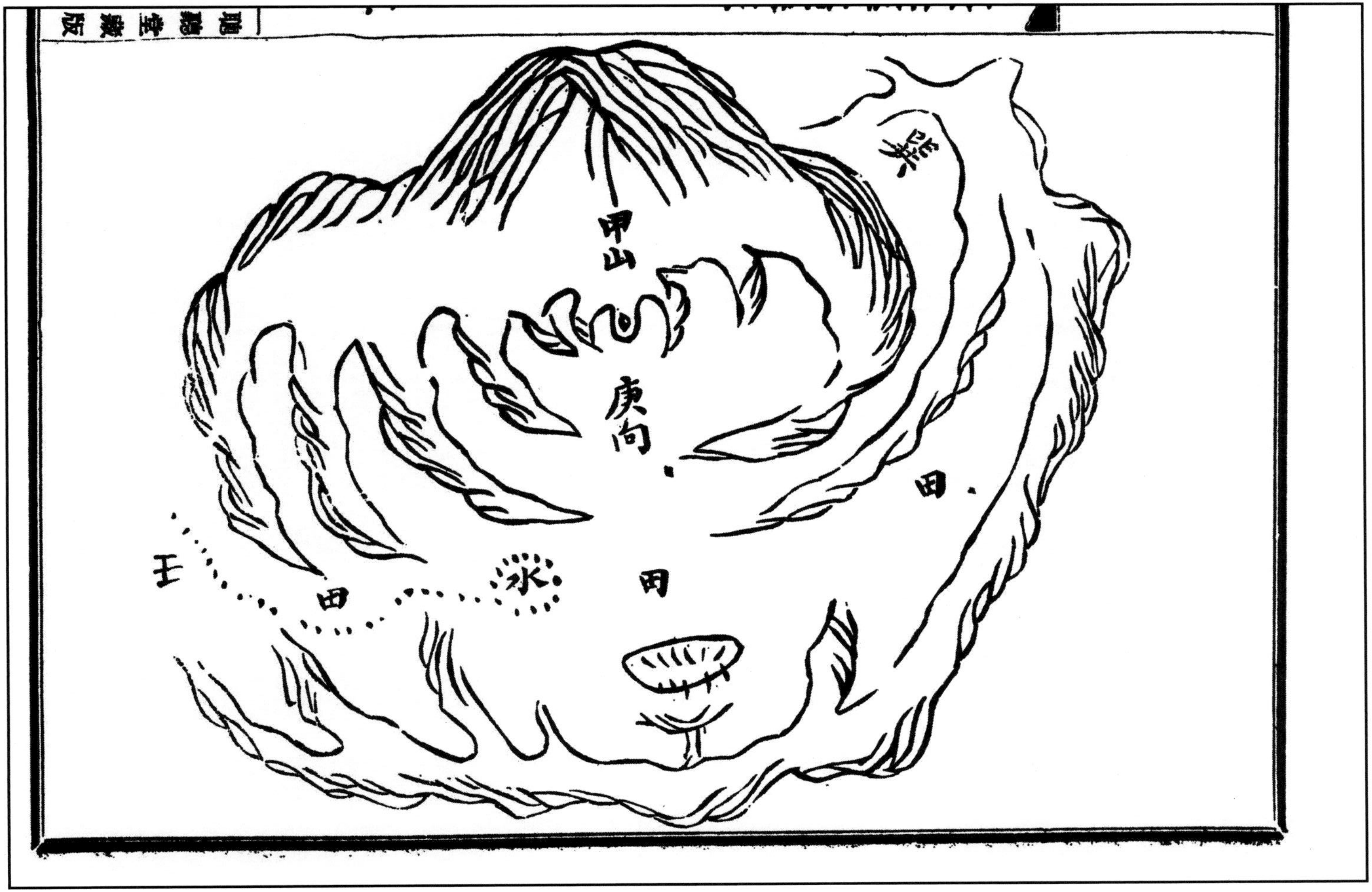
甲山
庚向
田
田
水
田
王

●復書

疊接寄件。藉悉一切。查甲山庚向之地。形勢理氣均合。所嫌者。惟命宮一點耳。凡人口衆多。萬難盡合。祇有用選吉一法。以補之。儘可作用。以後並可再覔他山扶之。尊論確合至理。其吉期。至秋末冬初選定後。再行通告。合宅吉庚。請即寄下。天星選擇書。甚合鄙意。如寧地尚有。請再購一部。價目若干。便乞示知。先生待人至誠。當思有以圖之也。耑復敬請台安。

●江陰來函

惠函賁來。開我茅塞。遊年之不足信。敬領教矣。惟遲遲叨教者。因瘧之困人。迄今尚未全愈。今特草投教。附繪圖一紙。尚祈朗察。即望明示以定奪。床坐北朝南。門在巽方。四運令星到。未知吉否。蹉跎韶光。浮生一夢。不孝有三。無後爲大。年方二十有五。作此牢騷語。能不被哂笑也耶。再有詢者。先生謂不才用功已久。實則毫乏之研究。此道於今春方探門徑。挨星之訣。陰陽順逆。知其然而不知其所以然。子午卯酉配乾坤艮巽顚倒。陰陽咬不破一個鐵椎子。悶塞胸中。終未瞭瞭。今春所閱之書。如地理辨正直解。及辨正疏。其中云一運則乾兌離震巽坎艮坤。二運則壯睽革妄。升蒙漸觀。遊絲風颼。莫宗一是。總之河圖體方而用圓。洛書體圓而用方。體用互兼。河洛並行。縱橫十五。中皇立極。數往者順。知來者逆。提剛所以契領。得魚端賴有筌。倘不以膜外視之。而肯肺腑吐露。俾闡一知二。由淺悟深。此地理之云乎。亦大道之汲引也。引領神馳。敬頌大安。

●復書

今日接大札。藉悉熱心。竊爲堪輿一道。可與醫學並行。實爲人人不可缺之學識。不特爲已。並以救人。以後凡遇親友等建築事宜。概可從事開導。共占樂利。亦種德之一法也。查尊居三運未山丑向。現擬改用巽門。查玄空五行。並無四綠旺氣。輪值七赤破軍。凶多吉少。欲乘旺氣。宜用兌門爲合。庚子生命宮一白。合成同宮。主發顯名。並產秀士。鄙著路透書中。

已有說明。查玄空五行。隨間論間。當以建造時之元運爲主。不能以地卦之生旺論短長。吾人第一爲丁。財則次之。四月十九日。嘗因合肥李氏之請。赴甯六日。二十六日轉赴揚州黃氏卜地。其家二三運乾山巽向。地勢低窊。四面環水。結成孤龍。應主丁衰。初一日回滬。下月初。欲赴粤一行。將來如有便。擬到澄一行。至催丁一法。非難事也。玄空用法。他書均未透露。至辨正疏六十四卦。更不可據。請按照玄空五行。復人墓宅。即可知其靈驗矣。特此奉復。順頌台祺。

●附三運陽宅未山丑向圖

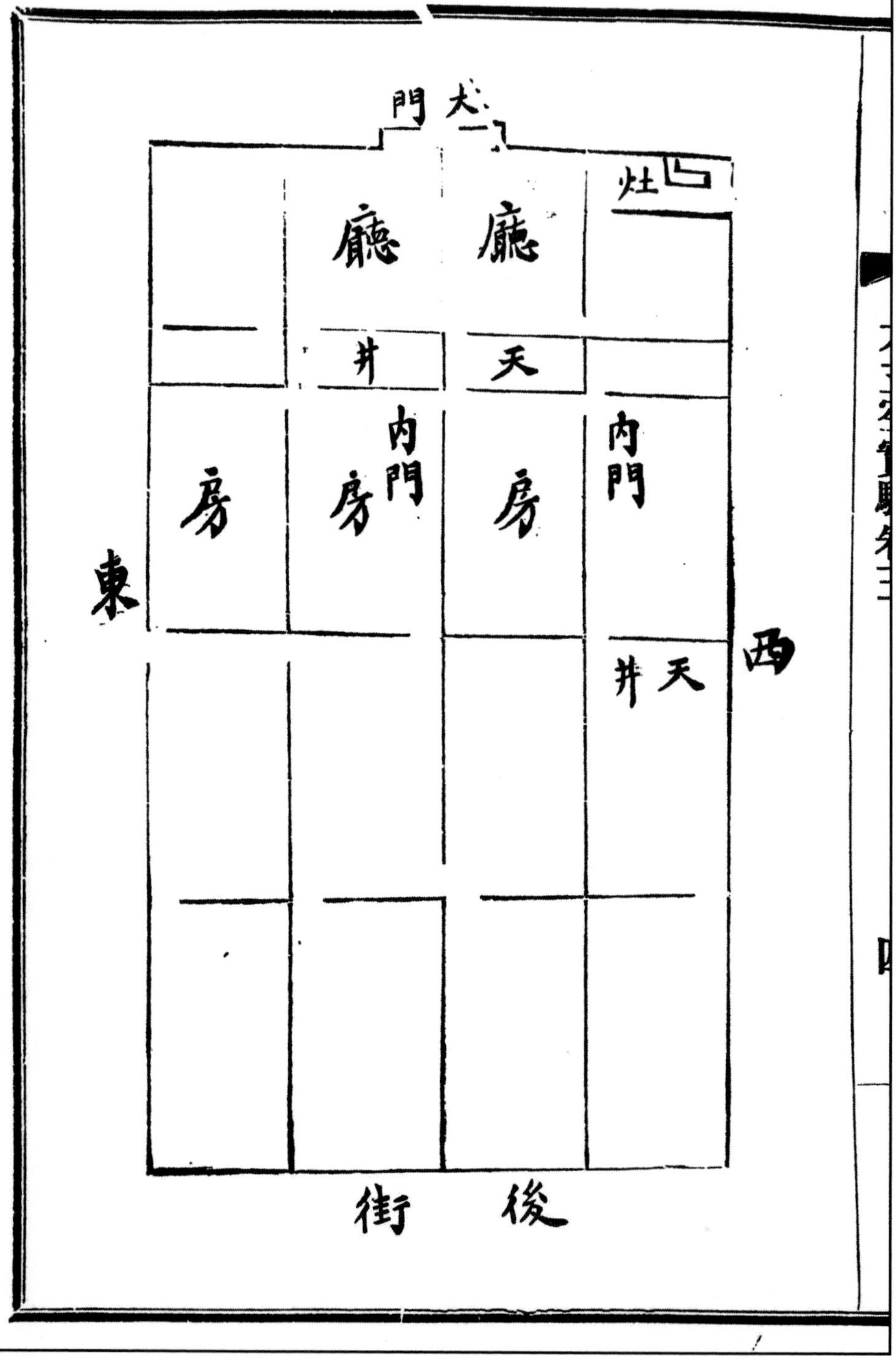
大門
灶
廳
廳
天井
天
內門
內門
房
房
房
東
西
天井
後街

●蘇州來函

夙仰泰斗。未親教益。悵悵。閱上月二十七日新聞報。知大箸不日行世。欣何如之。未知書若干卷。價若干金。祈即示知。以便寄購。竊地理之學。自唐一行後。僞說蠭出。莫可究詰。兼之江湖謀食之士。泰半僅識之無。以致天心正運。失傳已久。弟先父竹祁府君。專修此學數十年。箸有青囊序抉微。青囊奧語抉微。天玉經抉微。玄空秘旨詳解。章氏墓斷直旨飛星訣。堪輿諸書僞正攷十餘種。當時從學者少。繼起無人。弟黎攎自愧。遺楹雖在。奈當時遠適異國。趨庖時少。雖一知半解。總未能詳參精義。他日有緣。趨階請益。幸莫大焉。蔣氏於此學。

厥功匪淺。繼傳姜于二氏。語亦可採。至范氏雖宗蔣氏。而飛挨陰陽。未得要領。故乾坤法竅一書。神非而貌亦不是。張氏泥於六十四卦。且閱書未多。不知蔣氏以六十四卦為分金之用。溫氏則語焉不詳。章氏則玄之又玄。至朱氏地理辨正補。則挨星總圖一無是處。尹氏則昧於原理。謝氏增註。清正可誦。倪氏增註。則文不達意。然皆恪守不輕洩漏天機之謬說。明其用者。則啞然失笑。昧其體者。則茫然無知。先君子當時力破其說。以為事無不可對人言。西洋科學各書。明白曉暢。且有教師教授而成功者。亦屬寥寥。故所著各書。批明許人借鈔。違者作不孝論。近將墓斷直旨一書。托旌德江太史莘農校正行世。原本在黃伯瑜先生處。餘書均爲友人借去。先君子於丙午年歿。易簀時。猶謂咸同以來。斯學不講。今之地理學泥於三合。自命知三元者。未明河洛之學。失傳已久。得公昌明啟廸。功德無量。不獨人民之幸。而國家亦蒙無窮之福矣。馳書先容。并乞賜復。祇頌道安。

●附玄空秘旨跋

玄空秘旨一卷。目講僧撰。無錫章甫仲山曾註此書。目講本宜興儲氏子。從陳友諒爲大將。楚亡後爲明太祖所獲。宮之放歸。遂爲僧。余友儲鑄農。即其苗裔也。此書外行世者。尚有平洋元言鈐記各卷。平洋元言。毫無精采處。至鈐記。辛酉春。

客宜興徐遂初家。獲讀之。與浙中通行之吳賴周劉諸鈴相
同。用典叙事。皆村學輩口吻。與理氣尤多相悖。彼之重目講
僧者。適足以輕之矣。吳地俗師。喜譚目講鈴記。逢人津津樂
道。而不知讀此書。詢可鄙矣。余生平痛惡各種鈴圖。以爲同
此山水。葬時元運一誤。其禍立見。即僅以巒頭言。而鈴記亦
未載明確實山向。豈能以古人糢糊影響之隱詞。按圖索驥
者乎。此等書。誤人匪尠。必盡火之。然後正宗始顯。先君子昔
箸玄空秘旨。今原本在遂初處。亦作目講僧撰。與仲山相合。
此本作吳景鸞撰。不知所本。詞句與章氏所刊者互有出入。
將來得有善本。再行校定。註者何人。今不可攷。先君子謂其

尙合理氣。想亦可採之書也。爰錄寄莘丈公好。

●復書

惠函敬悉。先生爲三元世家。經驗宏富。偉論諸家弊病。針孔藥到。確合至理。鄙人念古學之將湮。社會之顚沛。是以不憚鄙陋。設社研究。從事編著大玄空路透書一。俟出版。即當寄贈一部。作拋磚引玉之計。付刊草率。舛錯難免。還乞隨時教正爲幸。附記玄空秘旨跋。詳述目講履歷。尤爲人所未道。按玄空秘旨各說。參以陰陽宅吉凶。十有九驗。足見奧竅。惟爲用者。大都茫然不知所從耳。按堪輿一法。巒頭易。理氣難。故鄙著路透。不講巒頭。專講理氣。想明達者。决不以此而見吝也。耑復敬請大安。

●滬函

接十二月三十一日惠書。指示種切。歡感無既。尊論立命一節。為至精確之正義。內外比較得失。乃定。均至言也。敝寓係三運亥山巳向。兼壬丙三度。丙午上有二里許。特朝之水。距宅二十丈許。午水盤旋作勢。折入坤宮。更有四里許。兌流注入。坤上三叉。然後分水一。一路往東。從宅前橫過。一路向乾亥宮曲折而去。中多三叉交會。自南往北。約四里許。里門外即華德路。隔河高房。即德大廠。在丙午丁一卦之中。由里門至內弄。氣口均在丙字上。單開間。入門為天井。一上一下樓房。

後面附有灶披屋一間。後門開在壬字上。灶在披屋內。坐亥字上。火門向坤申。樓梯在樓房之亥字上行動。房門在牀位之乾字上。兌宮微走動。日間惟早晨中午在舍飲食。因素食有年。且廢止晚食已三年。住某行樓上。弟上元癸酉生。弟之先父母故墓。較寓所為稍勝。三運用事。卯山酉向兼乙辛三度。汪洋之水。聚於乾宮。距穴里許。大水折入兌宮。向首成玄字形。三折水均在兌宮。一卦收清。小浜頭至穴前左邊而止。自入口處到穴前約半里。坤宮環水安靜。離宮照水。明淨有力。距穴約半里。又弟治事處。無何可取。隨便寄跡而已。本行營業機關及庖廚。均得利。本行開業於戊午秋季。連年獲利。

丁庖亦占餘潤。行中實習生。以丁未生人爲優。共有五人學業。名譽均殊勝。一留行充書記。餘四人均荐拔至漢口天津聯號供職。先後開除二人。均癸卯生。壬寅生一人。入行未幾。即升拔。頗有賢名。倘亦可供研究資料乎。先生新病初愈。急宜靜攝。如有見教處。不必勞動筆札。遲日趨謁時指示。至級感也。專此馳奉。順叩道安。

●復書

江函敬悉。查三運亥巳兼壬丙。離上水來特朝。爲六白武曲加臨之地。折入坤宮。又爲天元之輔星。兌流爲中元旺氣。三宮均爲上吉。一路向乾宮曲折消出。所謂龍空氣空是也。隔河高房。為當元旺氣。理應坐空朝滿。里門內弄氣口均吉。後門在壬字上。輪值破軍。似嫌不合。宜常走大門為合。灶門向坤。與輔星火土相生。主發田宅。房門在乾宮兼及兌宮。一生一旺。諸多順利。再查三運卯酉乙辛之墓圖。汪洋之水聚於乾宮。折入兌宮。又成之玄之形。所謂水對三叉須認蹤。向放水生旺有吉是也。交中元四綠。乾水得用。發福悠久。坤水離水。一輔一武。更合聯珠之遇。定產文士。兼合補救。惟有一白命宮者。稍為不合。故金墩宜低不宜高。此山合局合運。所謂體用兼得是也。承詢命宮一節。前已說明。現當上元木運。丁未生人。命宮屬三。與時相合。自應當旺。癸卯生人。命宮屬七。

與時相友。自應多咎。壬寅生命宮屬八。與三爲朋。亦應見用。以上均由弟經驗得來。請留意試驗。當知不誣也。耑復順頌台安。

●奉賢來函

接誦來函。并指明種切。悉宗雲間。敬佩敬佩。前呈之圖。係先祖父窀穸之所。造於二黑初運。先考妣附修於三碧中運。以戌乾位反弓水。屢見不利。不得已擬將此水填滿。而西北水無來路。勉擬將向首經過之源。圓灣兜轉。通艮轉乾。以冀免危於癸年。而滋長於四運。到頭不及酉。能免三煞否。亥方本不必動。太歲可任自然。巳方本有水從辰巽上圓轉。可免七煞否。局形似窄。生氣略減。擬於坤位通小木橋。總之此局本是土木形。河面僅二丈餘。南北百二十尺。東西四倍之。庚方進口。百步以外矣。對卦對年。已形災厄。左右二位。恐再生變。急於修合。原非得意。至云掛穴云云。避凶爲事。趨吉本無此心。務乞方家。於無可沒法之中。勉湊急就之法。感謝無既。此請台安。

●附壬山丙向圖

●復書

接奉瑤章。藉悉急於修築。今年癸亥。年神之欠通。倘屬其次。

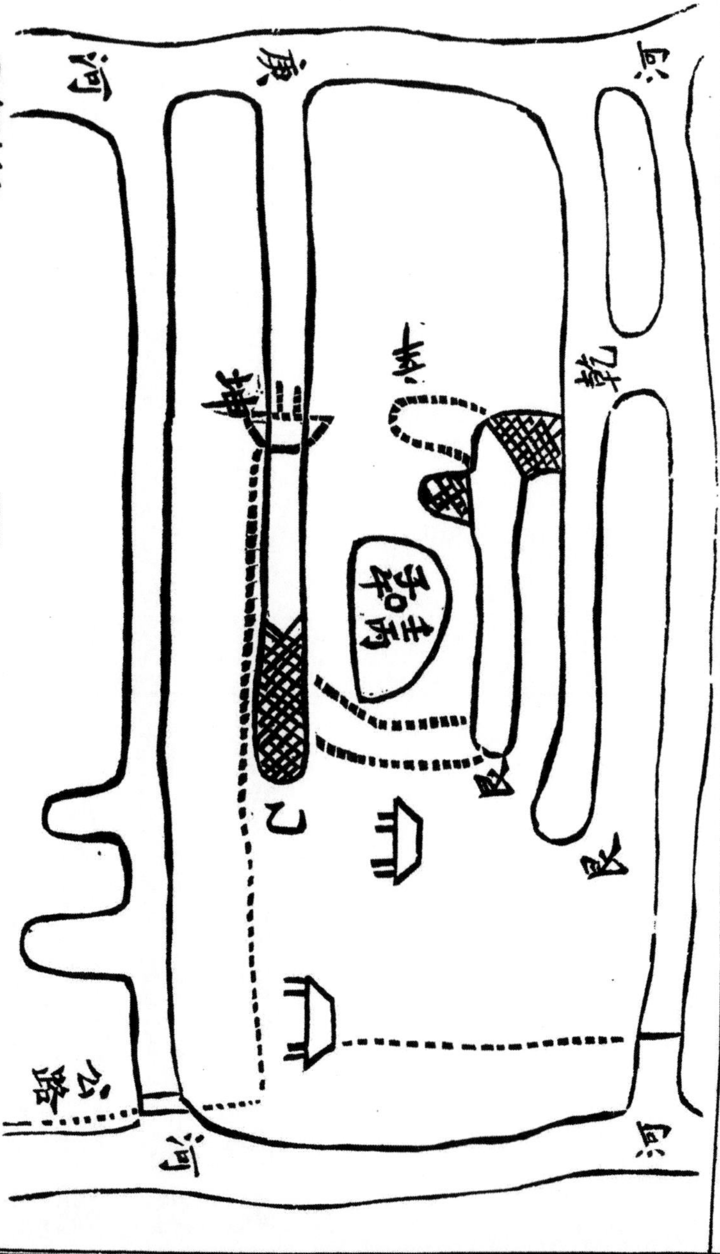

可用天星擇吉。概可不論。惟按照墓圖局勢。本屬不合。開之塞之。形勢雖覺可觀。內五行仍屬不合。所謂美中不足是也。查二運壬山丙向。乾宮之水。爲廉貞死氣。巽宮之水。爲破軍煞氣。三碧修之。吉不全吉。庚水飛値離火。例主不吉。長房欠寧。命宮有六白者最凶。且坤水來朝。有命屬二黑者。受中元旺氣尅制。爲最忌。鄙意不如另換局勢。爲合形體。雖欲講求。理氣。亦不可不講。所謂體無用不驗。用無體不靈。是也。未知高明以爲然否。請酌奪可也。肅復敬請大安。

●南京來函

回南檢得尊著大玄空路透兩册。立說淺顯。指謬周詳。讀之令人猛省。飛星一道。聚訟千年。非得三易爲之基。實無判斷之能力。讀歷史五行志。及星歷各書。矛盾之處。爲之啞然。足下以河體洛用。二八易位。詮義著用。排布九運用神。則衰旺生死。顯然可見。百家門戶。一掃而空。洵足爲治易之助。竊嘗謂地圓之說。發明於四千年前。一六共宗。一九同用。即是足下以卦無定體。運隨時遷。亦得此意。弟羈居省會。不克時相過從。下星期可返申。願與足下商榷一切。當不我棄。手此奉佈。即請撰安。

●滬函

敬啟者。昨閱新聞報。載有大玄空廣告一則。得悉貴社研究地輿之學。保存吾國數千年來無人闡發之國粹。可慶可敬。鄙人自幼學習此道。曾得有異人指教。因鑒夫近世風鑑家之腐敗。類皆識字無多。與乏正當營業之輩。滿口巒頭理氣。妄斷禍福。敲人竹槓。藉此以謀衣食。可笑亦復可歎。至於卬其玄空大法之精微。則體用均毫無根底。維有一二三四。配六七八九之僞法。自欺欺人而已。是以鄙人效金人之緘口。嚴守秘密。不願輕爲普通風鑑道破。尤不願以地輿爲營業。諒貴社執事諸公。宗旨純正。决非此輩可比。故特致函貴社。下列四問。請詳細答復。鄙人願執弟子禮。與諸公一研究之。（一）地理之書。汗牛充棟。究以何種最眞確。（二）玄空二字不知如何解釋。（三）普通所云體用。究屬何者爲體。何者爲用。（四）中國大勢入四綠運後。當有何種變化。

● 復書

敬復者。惠函已悉。尊論近世風鑑家之腐敗。確合至理。其故何在。實因於歷來大家。不肯公開。有以造成之也。泰西各國學識。有進無退。爲有研究機關專修之也。我國則有退無進。知者不爲人言。不知者妄加測度。年久以來。幾至湮沒。且爲社會所不齒。可勝浩歎。敝社有鑒於此。特爲招人共同研究。以求精益。非尊札所謂泛泛者流也。玄空原本太極。運用八卦。與易理相通。顚之倒之。取其玄之又玄之意。此非近代創例。乃千古以來之成語。地理一書。有唐以前。尚有圭臬可循。唐以後。則僞者百出。莫可究詰。竊以爲楊曾廖賴四大家。及蔣章等書。尚屬不誣。在人任擇之可也。河圖爲體。洛書爲用。此先後天之體用也。巒頭爲體。理氣爲用。此用中之體。體中之用也。四綠爲斗杓第四星。名曰文曲。理宜文化大盛。惟天時半屬人事。近世變亂已久。吾人厭亂心切。物極必反。造成昇平之世。可預卜也。先生才高學富。且得有異人傳授。出類拔萃。可欽可佩。如蒙見愛。務請枉駕一叙。不勝企禱。專復敬頌道安。

●二運辛山乙向兼酉卯圖

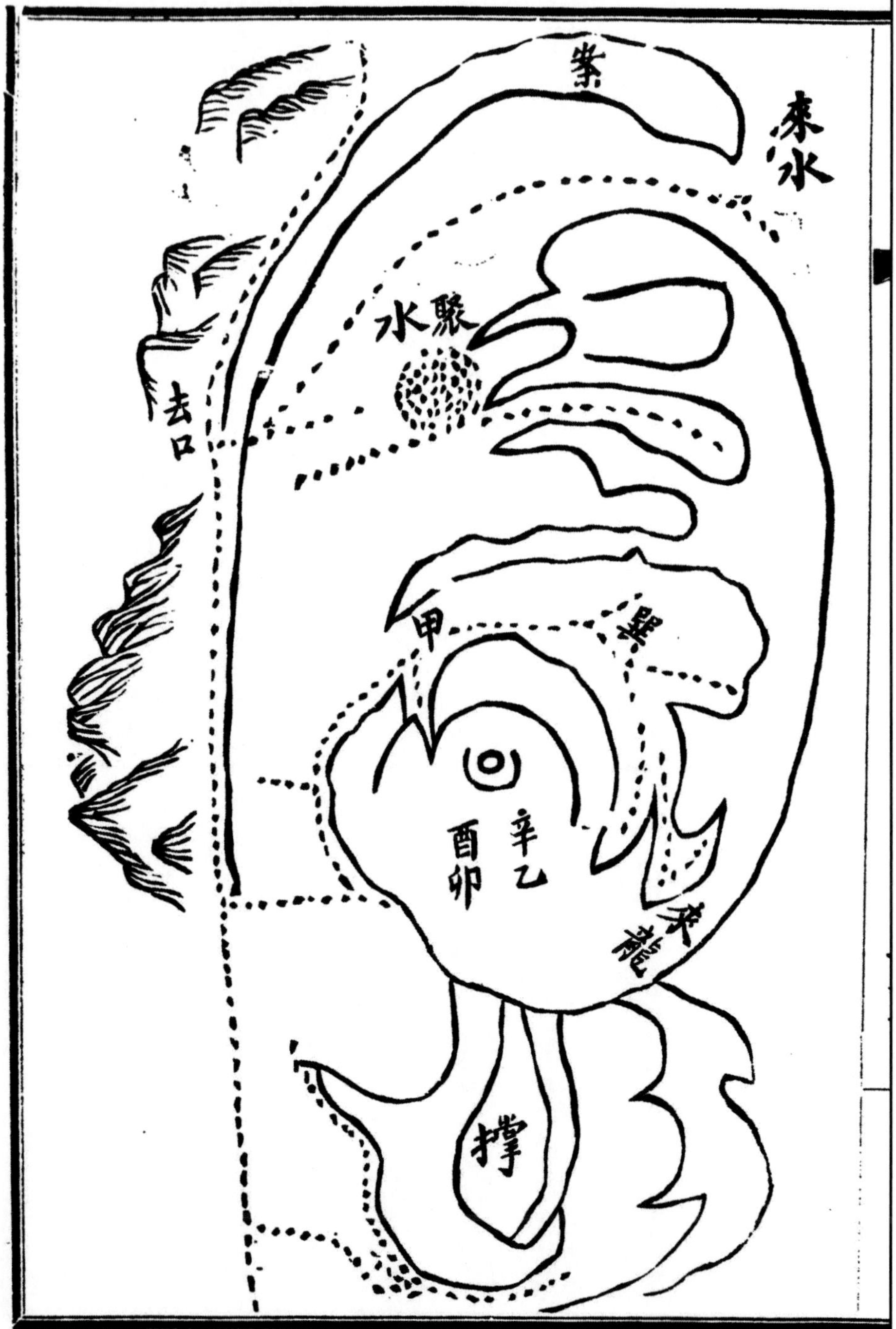
來水
案
聚水
去口
甲
巽
辛乙
酉卯
來龍
撐

●月城橋來函

逕啓者。天玉經內傳。江東一卦從來吉。八神四個一。謂八卦之中。經四位而起父母。就將江東卦之挨星用法。指明何卦而爲父母。謂一卦只管一卦之事。不能兼通他卦之用。意于江西一卦。南北八神共一卦之義。懇請示明。一部天玉經。無非父母二字。謂倒排父母蔭龍位。父母排來到子息。東西父母三般卦。父母排來看左右。更看父母下三吉。說來說去。總是三般卦之用法。看此義意混合。三元九運。弟不明起父母之奧。妄自測度。總屬糢糊。懇祈條分晰類。一定不移。將此大元空訣竅透測。胸中毫無疑義。方見先生開誠佈公。有造於今世者矣。茲將墓圖一紙。請評判爲要。

●復書

來函囑詳批墓圖。及天玉經諸語。鄙人才疏學淺。愧不敢當。先生學富淵源。定必有以教之也。茲姑不憚醜陋。畧述於次。查江東江西一說。實係葬乘生氣一法。江東震卦三碧運。取四個一合成四。江西兌卦七赤運。取四個二合成八。其餘南北八神依此類推。運爲父母。則山向立極之數爲子息。立極之數爲父母。則玄空交會之數爲子息。父母無一定。子息亦無一定。均從顛倒顛出來。故曰顛排。三般卦。亦即顛倒顛之義。一四七。二五八。三六九。三般卦之一也。一一二三。二三四。三

四五。四五五六。五六七。六七八。七八九。八九一。九一二。亦三般
卦之一也。三般卦。是活潑潑地。隨時而在之用神。非拘拘於
地盤之一二三四五六七八九也。養吾一本公開之旨。知之
爲知之。不知爲不知。毫無隱匿。總之玄空之奧竅。非筆墨所
能書。在人運會之而已矣。查尊圖二運壬寅年葬辛乙兼酉
卯。形如飛鵝。穴在腹部。口銜聚水。鬼撐爲足。形成天然。向首
聚水案山。令星兼到。旺氣得勢。惜乎氣運將盡。易興易衰耳。
坐山金氣重重。丁亦不旺。艮宮蘆蕩。亦爲不合。好在坤宮來
龍來水。三運尚不至大凶。時交中元。爲之稍遜。鄙意以爲此
地體合而用不合。能在三運修之。乃爲全吉。尊意以爲然否。

罄筆直書。維冀教之是幸。

●泗州來詞

踏破鐵鞋二十年。陰陽未解個中玄。而今識却江東隱。若得豁然須浩然。

●復詞

閱歷滄桑年復年。此生未解個中玄。而今聊作東山客。成敗是非聽自然。

●蘇州來函

捧讀手教。并尊著三元路透。將於蔣氏心法。宣洩無餘。欽佩莫名。弟雖茅塞。敢不自勉。惟云實驗各法。俟後續刊。已編輯成書。不勝渴望。敝廬本年秋。將後進樓房。重行改造。茲繪一略圖呈正。懇請法眼鑑別。其方位元運衰旺。及門房灶三事。尤關重要。務祈逐項指示。俾便合法布置。如公暇能爲設一形局圖案。尤爲跂禱盼求之至。原有淤浜疏通有無關係。亦希詳示。是幸。耑瀆即頌撰祉。

● 附午子丁癸宅圖

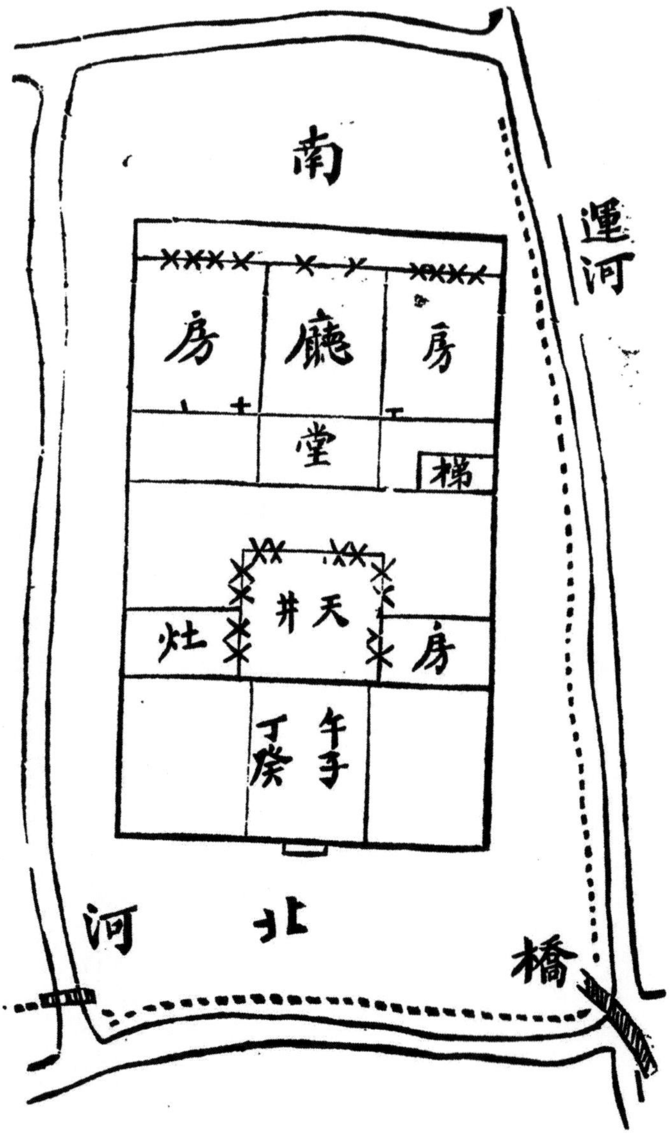
南
運河
房
廳
房
堂
梯
天井
灶
房
午丁
子癸
河
北
橋

●復書

敬復者。接二十二日大札。藉悉尊居係二運午山子向兼丁癸。現又添造後進。九月十二上樑。尙未交冬至節。仍作三運推算。查外局面。坤巽乾艮。均有三义水口。坤巽艮三宮均合用。惟乾水不合。如在宅不見最好。頭廨西間臥房坤門。有上中元生旺之氣。應主吉利。東間灶座亦吉。新造後廨。扶梯在乾宮。輪値離火。乾金似不爲合。還取艮宮爲是。樓上房門。西中兩間均合。惟東間走乾門不宜。能走坎方最佳。艮方淤浜。能開通最好。特此奉復。敬頌台祺。

●興國州來函

敬啟者。前閱穆先生介紹一則。深爲仰佩。今又讀悉有道以普渡爲懷。將獨得之秘密。取公開主義。併印有大玄空路透書。刊印行世。又精造大玄空新羅盤發售。以便後學採用。免爲他家學說所亂。茲特先行函詢。以便購用外。尚有請者。辨正中有乾山乾向水流乾坤山坤向水坤流。此是否說理氣。後學屢受諸先生指示。尚未言其所必然之理。想必由卦位研究爲入門。而三元不敗。即由于卦之始也。冒瀆上呈。伏乞示教幸甚。此上恭請道安。

●復書

一部辨正。翻天倒地。總不出體用二字。然體與用較。則言用多而言體少。陽從左。陰從右。顛顛倒。二十四山有珠寶。順逆行。二十四山有火坑。說得顛倒顛。便是大羅仙等語。所講無非玄空大卦。乾山乾向。坤山坤向者。非地卦之乾坤。乃天卦之乾坤也。一指六運。一指二運。有乾山而後有乾向。有坤山而後有坤向。乾水坤水者。氣得其用耳。氣得其用。是有此應。故此句重在得山得水。不重在某山某向也。非指坐山向首兩卦言。乃指坐山或向首一卦言之也。耑復即請台安。

●廣西陸川來函

叩別師門。忽逾旬日。宮牆翹首。戀結殊深。比維道履潭祺。凡百勝常。定符遠祝。農拜辭後。於夏歷初七日。安抵香港。現在友人處。暫行借宿。尚未賃得相當房屋居住。茲有懇者。講義中第十三頁。大玄空挨星秘訣。惟空位。忌流冲二句。究竟旁六宮。如何謂之空位。細看皆未明曉。乞吾師註明寄下。是所盼禱。餘容續上。敬請講安。

●復書

久慕盛名。欣於滬濱相遇。先生學富經才。傍及三元。可欽可仰。鄙人以公事之暇。兼參輿道。抱公開以濟世。所編講義。現已告竣。從事付刊。題曰大玄空路透。訂成兩册。一俟告竣。即當寄奉不誤。所詢空位一語。除坐山向首兩宮。其餘傍六宮。均屬空位。如立乾山巽向。則坎艮震離坤兌六宮為空位。如立子午癸丁。則艮震巽坤兌乾六宮爲空位。肅復敬請鈞安。

以上各件。祇載某地來函。不具姓名者。因內中措詞。均關實地實事。徵之各本人。未必一致。而於研究方面。則頗有裨益。不得不擇善錄出。聊作參考。想亦研究諸君所贊許也。

談氏三元地理大玄空實驗卷三終

談氏三元地理大玄空實驗卷四無心道人原序

古云地理之道。看書不如覆坟多。又云得法歸來好看書。故巒頭爲體。理氣爲用。然歷來談地理者。巒頭有証。竟作開場大旨。理氣無傳。反笑愚惑之訛說。人所共信。殊不知名雖葬地。實係葬天。地隨天轉。艮不誣也。近有時師。共遵假揑三元之法。某運某向。鉄板不易。可發一笑。要知元運元元各向可立。蓋以砂水峯巒。應立本元何向。方稱元空秘旨。豈如時師在夢說三元之法乎。予既得其法。又精參舊地。運會胸中。是以登地觀局勢。必探其何運所扞。自符於法。草錄斯本。因名曰臨穴指南。未識可博高明一笑否。

談氏跋

此書得之楊師手授。藏之數年。不敢示人。因想歷來各學術。非公於世。不足以求進步。去年曾倣本書。特將大玄空九星五行。盡數公開。評判生旺衰死。載明九運二十四各山向。陰陽宅宜忌用神。閱之已可一目瞭然。茲再將太師章氏實驗。悉數披露。以供研究其玄空飛星。祗列後天暗射圖。與前著大玄空路透書。兩兩相對。何卦何星。瞭如指掌。其應驗之神速。可無疑矣。吾人欲求富強。無他別法。能人人生養死葬。得乾淨之土。未使非挽救之一線希望也。用敢表而出之。質之上天。其亦罪我否乎。民國十三年甲子孟秋談養吾謹跋

談氏三元地理大玄空實驗卷四

三元奇術研究社主任武進浩然談養吾補註

第四章實驗

●實驗一

巽	離	坤
震	中	兌
艮	坎	乾

常州張宅。一運癸山丁向。坎氣。坤水曲朝離向。透迤合聚巽方。折消艮出。葬時有二子。長行二。次行四。俱窘迫。葬後長生三子。漸能讀書。入泮補廩。以後連生。葬者之曾孫。書香不斷。入泮頻頻。名師嘖嘖。財氣不缺。亦不大旺。次子身拔州同之例。生五子。各援例。次子出仕縣丞。并署篆。葬時即爲水客。

大發資財。豪氣森森。凡當公事。與府縣會同紳士。共推爲倡。蓋義重財輕。故稱百萬。其實分時只有四十餘萬。現今葬者曾孫。出仕微員。亦邀縣署。有富者。亦有大敗者。雖然。地已美矣。未能十全。此局取得輔星成五吉也。

（註）坎氣爲將來之生氣。添丁之兆。坤水八白輔星。發福悠久。向對魁星。爲當元之旺氣。發貴無疑。巽方六白吉神。惟爲時稍遠耳。艮水二黑。最合補救。此玫最得力。可卜一二六八數運。其餘各運稍退。亦自然之理也。按章氏在下元七運時當道。氣運之評判。吾人當隨時活變之。非可拘執言之也。

●實驗二

楊宅田龍。一運亥山巳向。大龍身自坤而來。轉庚酉辛戌乾亥壬子癸丑艮寅而去。此地之氣。從乾腰落向巽開窩。作乾氣。乾方湖水。巽震水。案山開面彎環。自明迄今。科甲連綿。

巽	離	坤
震	中	兌
艮	坎	乾

富稱百萬。人丁大旺。

(註)坤方三碧生氣。兌宮七赤。過堂無力。戌乾亥八白輔星。壬子癸四綠。丑艮寅六白。諸吉全收。體用兼得。自可大富大貴。永久不替矣。

●實驗三

無錫石塘灣孫。二運子山午向。庚酉辛大塘河。水自坤離巽震。復轉辰巽消出。坎方直浜。當背冲來。龍氣模糊。有似兌來。有如離方過河而來。核問諸師。皆不知主何龍脈。但葬後本身發有五六十萬。地之佳美。在一水得神。閱地者。可不細心耶。

巽	離	坤
震	中	兌
艮	坎	乾

(註)孫氏為錫邑名族。地當運河之北。在河之大轉灣處。氣脈最有力。大塘河。乃本地土語。即運河是也。兌卦八白。坤卦三碧。離卦一白。巽宮五黃。坎宮為當元令星。所謂冲起樂宮無價寶是也。

●實驗四

乾	兌	坤
坎	中	離
艮	震	巽

無錫鄒宅。三碧運卯山酉向。卯上高山尖頂。落脈縮細。又聳尖頂仍落脈。生石鉗。鉗前土墩。緊靠墩葬。左右山形。一如圈椅。土埠軟砂數層。以作內襯。乾峰遠出十餘里。堂氣寬大。巽離坎水。皆聚內堂。庚酉辛方。龍游河水十餘里。長屈曲來朝。故發忠倚公狀元。

(註)卯上三碧。為山上之龍神。酉方內堂。為水裏之龍神。到山到向。已可兆福。兼有乾峯九紫。巽宮六白。離宮一白。坎宮九紫。其最得力處。離宮聯珠相遇。靑雲路上逍遙。出

狀元在此。

●實驗五

巽	離	坤
震	中	兌
艮	坎	乾

錢狀元荼山祖坟。一運丑山未向。艮龍。左右二山環抱。坤峯高遠。而秀美可愛。未申太湖光亮。離方圓塘如鏡。貼近。荼山係庚午生。故發維城公狀元。

(註)坤峯爲八白輔星。未申太湖。爲本運之令星。最合用神。其最難得者。離方圓塘。理氣確合四一同宮。科名登發。上元庚午生。命宮屬四綠。乃最吉利之花甲也。路透中陽宅篇。註開離門出神童者此也。

●實驗六

坤	兌	乾
離	中	坎
巽	震	艮

軍帳山稽中堂祖坟。三碧運子山午向。乾亥來龍。轉坎入首。艮蕩坤水曲至離方大開洋。消出巽。酉辛戌低田。細看結穴在極低處。可見手法之妙。

(註)乾亥爲九紫。轉坎入首。與四綠生氣。合成四九爲友。艮蕩四綠。坤水一白。離方三碧令星。巽方八白。五吉並收。手法之妙在此。

●實驗七

蘆橋薛氏。三運午山子向。離方高山出脈。落平田結穴。坎坤震巽乾水。葬後大發丁財。此局所謂卯山卯向之局也。

（註）卯山卯向之局。第一章玄空篇已詳

坤兌乾
離中坎
巽震艮

註。離方三碧旺氣。有高山則確合其宜。坎四。坤五。震六。巽七。乾九。水法最吉。又可謂之打刦。惟恐巽水七赤。有微嫌耳。按此似屬過堂。且吉神旺而凶神衰。不患入室之操戈。

●實驗八

趙家山吳姓。甲辰年葬。三運辛山乙向。甲卯乙大塘。扞後乾隆乙卯年中舉二人。丙辰進

坤兌乾
離中坎

巽震艮

士丁已進士。辛未年又一人保舉經學。此亦一吉之局最長久。

(註)按此玫葬於上元三運。發于乙卯丙辰丁已。註乾隆乙卯。是年尙屬雍正末年。云乾隆者。乃新舊交界之際耳。以下丙辰。確是乾隆元年。均在本運。辛未年已進中元四運。乙卯四入中。丙辰三入中。丁已二入中。辛未六入中。太歲到宮。自有此兆。

●實驗九

小洪橋施宅。四運酉山卯向。屋後低田。兌水遠來不見。從乾坎至艮。轉甲卯乙橫過。至巽巳方橋下消出。宅之中有池。大

巽	離	坤
震	中	兌
艮	坎	乾

發丁財。入泮一人。寡居三四。

（註）此向令星顛倒。屋後低田。碓合龍空氣空之妙。至艮爲將來之生氣。轉甲卯乙九紫。至巽宮一白消出。正合補救。自應丁財大發。寡居三四。病在宅中一池。此時諒在下元旺氣已過。黃遇黑。黑遇黃。所謂二五交加而損主是也。

●實驗十

前州唐。四運甲山庚向。巽方大龍身。從乙卯甲寅艮丑而去。寅甲方腰落結穴。左右小水。環抱內堂。壬水圓如鏡。亮過亥到戌乾。又開洋。圓亮如鏡。辛酉狹細。庚申又亮如鏡。坤又來

坤	兌	乾
離	中	坎
巽	震	艮

細。不見水光。未丁又亮如鏡。仍從坤申轉至庚酉辛方。又大開洋如鏡。再轉至未大河。更大開洋如鏡。共計大小圓亮水光六節。貫穿連珠。若是之地。亦天功神巧。財有二十餘萬。

長房五孫。次房二孫。富既已得。貴必將來。

（註）大龍身從甲方腰結。正値山上旺氣。發丁可期。坎宮一六水亮。貴顯之兆。兌宮旺氣。乾宮五黃。坤宮九紫。與向首四九爲友。得體得用。諒亦唐氏之福也。

●實驗十一

王武沂四運辛未年用。庚山甲向。酉辛戌乾亥壬子癸丑艮寅甲卯乙辰巽巳一圈亮水。六運又附葬兩穴。四運扦後癸酉科中舉連捷。共發三進士。

(註)兌宮九紫。乾一。坎六。艮八。震四。巽三。生旺之氣。及貪狼並取。妙在水法得力。癸酉年四入中。六運附葬。令星仍到山到向。自當發科。

巽	離	坤
震	中	兌
艮	坎	乾

巽	離	坤
震	中	兌
艮	坎	乾

●實驗十二

錢伯恫祖坟三運丙山壬向。平地開窩。甲庚壬丙水亮。出神童。

(註)甲一。庚六。壬三。丙四。水法極妙。其吉全在乎此。

●實驗十三

巽	離	坤
震	中	兌
艮	坎	乾

七塘蔡卓如父。辛巳年四運庚山甲向。辛戌來龍。乾坎坤巽震水消艮。六運發科。

（註）辛戌來龍。一爲當元旺氣。乾宮五黃。爲將來之生氣。乾水一白。坎水六白。坤水五黃。震卦四綠令星。巽卦三碧。消艮八白。均爲吉神。六運發科。應在坎上一卦。

●實驗十四

王金麻子四運癸未年用。巳山亥向。丁未平。申庚一路水。從乾轉至艮方。屈曲消出。癸上大河見亮。初扦不利。交至乾隆三十一二三年。發財起。至六運。財秀均發。

(註)初扦不利。因申水二黑。庚水七赤所致。艮水八白。癸水一白均吉。查乾隆三十二三年。已進五運。五黃雖不得力。而向首

巽	離	坤
震	中	兌
艮	坎	乾

六白。已屬生氣。較之四運更佳。諸事順利。至六運財秀均發者。向首之力也。大玄空五行之應驗。於此可見一班矣。

●實驗十五

鄭華官祖坟。乾隆十八年。用四運酉山卯向。坤方高山。巽龍轉兌落脈。坎低。艮上池水。甲卯乙橫過。至巽曲消。明堂寬平。艮上尖峯。近巽遠。長房絕。至二十九年。交五運。發財起。至五

十六七年。官訟退財。于四十二年合葬。庚子生至庚申年入泮。庚午年中舉。

（註）坤方高山。爲三碧。巽龍五黃。兌方八白坎低有七赤破軍。艮上池水。爲將來之生氣。甲卯乙九紫。消巽爲一白。艮上尖峯爲九紫。左爲長房。故不利。此山令星顚倒。交五運。艮水當旺。故發。至五十六七年。已在六運。無氣可收。故敗。四十二年丁酉爲五運。庚子生命宮屬四。庚申年二入中。庚午年一入中。亦太歲到宮之應也。

巽	離	坤
震	中	兌
艮	坎	乾

●實驗十六

梅村夏姓陽宅。四運壬宅丙向。巽屋坤水來離橫過。至巽消出。丁卯年痢疾傷三丁。心痛。

(註) 坤水二黑。已屬衰氣。巽水九紫。亦不利。坤爲腹。痢疾不免。離九屬火。火屬心經

巽	離	坤
震	中	兌
艮	坎	乾

是也鄙意以爲當時能改立亥已。乃爲全美。

●實驗十七

管社山陶沅祖坟。五運乙山辛向。丑艮寅甲卯乙辰巽已高山。卯上半山微有脈。即依脈葬在半山。已丙空。乾亥澗水。從兌橫過至申消出。未坤太湖。湖中有圓小石一座。扞後大

巽	離	坤
震	中	兌
艮	坎	乾

發丁財。丁卯年發科。其宅六運造癸山丁向。坤離巽橫街。巽上另有一街。住後多病。乙丑年依原向重新翻造而安。

（註）艮九。震五。巽四高山。乾方六白生氣。從兌五消。申坤宮太湖。一白輔星與六合成聯珠。丁卯年四入中。自當發科。其宅坤四。離六。巽二橫街。衰氣重重。巽上另有一街。爲二黑病符。故主多病。乙丑年已交七運。依向改造。玄空五行。已變爲下元。坤爲八白。離爲六白。巽爲一白。三陽開泰。已變爲發富發貴之宅矣。

●實驗十八

新瀆橋錢氏祖坟。乾隆三十八年。五運丁山癸向。乾隆四十

巽	離	坤
震	中	兌
艮	坎	乾

四年。又葬同向。丁峯坤山。庚酉山遠。申庚來龍。坎低田。艮內堂。浜水至卯見亮。丑艮寅外堂。大水從甲卯乙至辰巽消出。未上插浜。水從丙午丁己至巽辰合消。丁丙屋遮。午水見亮。葬後大發丁財。乾隆五十二年。又另葬辛山乙向。山地坤兌乾高山。坤氣。庚酉辛澗水。卯乙水池。艮墩貼近。寅高峰。葬後大發丁財。嘉慶十二年傷女丁。十四年產亡。十六年傷兩小丁。十二年至十六年。犯欽部官司。未破家財。

(註)丁峯五黃爲山上旺氣。午水見亮。六白生氣。坎低田。亦爲五黃。艮七浜水。巽出口二黑。稍不合。六運辛乙上山

下水。震水艮峯。二黑重重。女丁欠寧。諸凶在此一點。

● 實驗十九

巽	離	坤
震	中	兌
艮	坎	乾

又五運酉山卯向。丙氣辰巽直水。扞後交六運甲寅年。犯人命破財。庚申辛酉年。連傷五丁。此爲一吉之局。出局不能保也。

（註）辰巽直水。爲四綠衰氣。交六運爲零神。當末運時。則衰氣更甚。凶事頻頻。一吉之局者。惟五運一局耳。無補救之弊也。故立穴首重葬生氣。收五吉。

● 實驗二十

偶見一坟。五運乙山辛向。坤申來水。庚酉辛橫過。至戌乾聚。

于亥消。丁財亦好。於六運合葬。即大不利。所云不知用法。豈可妄爲人扦葬。古語云。我葬出公卿。你葬出賊囚。良不誣也。知此用法者。斷不可爲其合葬。必欲強勸。其即欲於此作

巽	離	坤
震	中	兌
艮	坎	乾

攷。必須改向另葬。如欲合葬。務勸其將前葬之棺同新棺一併改向合葬。否則雖至交至戚。斷不可代其葬也。

(註)本山向令星到山到向。山水合宜。坤宮一六水來。得力最長。乾方聚水。六白生氣最吉。至六運合葬。則旺氣全洩。變爲上山下水。丁衰財薄。坤水變爲五黃退氣。乾水九紫死氣。生氣全無。所謂出賊囚。乃此方之一言耳。故立穴

不可不愼。

●實驗二十一

巽	離	坤
震	中	兌
艮	坎	乾

五運庚山甲向離氣。卯蕩。庚酉平田。葬後四子皆不生育。至六運。即於是地是穴向發開動棺。重新分金。後六七年。四子俱育。財亦好。此亦一吉之局。可保長久。前一局出運即敗。故地理元奧。千變萬化。全在活活潑潑。精參其奧。此乃口不能傳。盡在心領神會。且同是一吉之局。一速一遲。似同天壤之別。奚能劃一耶。此謂我葬出公卿也。

(註)五運上山下水。離氣爲二黑。卯蕩一白。庚酉平田。雖

為令星無力。丁衰財薄之兆也。至六運。則用得其所。到山到向。自能一變前局矣。至其大玄空飛星之何若。請查大玄空路透書中。即可瞭然也。茲各具後天方位。名曰暗射者。以備閱者從事參考耳。

●實驗二十二

五運未山丑向。亥壬子癸來水。甲卯乙辰巽水來會合丑艮寅方消出。扞後大房生男難育。二房有丁財少。三房尅妻。

(註)五黃為九星中最凶之神。當其生旺時。尚恐為禍。此言路透中已說明。亥水與坎水。金木相尅。

巽	離	坤
震	中	兌
艮	坎	乾

關平長房。巽水關乎三房。凶多吉少。自有此應。

●實驗二十三

巽	離	坤
震	中	兌
艮	坎	乾

五運壬山丙向。巽上來水。丙上亦見水。坤上三叉。消出壬方。艮寅水亦歸壬。消出。卯上來龍。扞後大二兩房絕。四六兩房好。

(註)巽上八白來水。在本運無濟於時。向首爲衰氣。坤上三叉則吉。艮水三碧衰氣。歸壬雖爲旺氣。失運即凶。且令星顚倒。終歸於禍。至於某房如何。大都各人命宮有關。在人活潑用之。

●實驗二十四

巽	離	坤
震	中	兌
艮	坎	乾

五運午山子向。坎水卯水出賊。一地子癸水。至坤未消出。一家靠東扞子山午向。窮而出賊。一家靠西葬丁山癸向。丁少財大好。一家葬午山子向。出瘋疾。一坟吉凶各異。葬塚之穴。亦不一。向吉凶各判。所謂左挨右挨。運用只在指掌之間。又云。水邊花發水中紅也。

(註)坎水為本運旺氣主吉。震坤之水。均為衰氣。秘旨云。震巽失宮而生賊丐。是也。震巽屬木。瘋疾亦在此點。故地之吉凶。全在玄空五行。用得其宜耳。

●實驗二十五

戚塘蔡培祖坟。五運庚山甲向。戌乾來龍。轉入庚酉入首。五里湖在丑艮寅方。坤離巽卯坎水。合消艮方。入五里湖。扞後大敗。兼傷數丁。至六運初年。原向附葬。即大發。培戊辰舉人。己巳翰林。葬天之說。覆看此坟。誠不謬也。故有前葬凶而後葬吉者。皆關時候。理所必然也。此地先葬於五運之中。至六運即隔十一二年。尚經大敗。更能於六運初。仍肯輕信形家。於原地原向附葬。催吉其既葬轉吉附葬又吉。二吉並至。故能速效。殆亦蔡氏之數。形家之妙。非時師之庸庸可比也。

巽	離	坤
震	中	兌
艮	坎	乾

（註）本山向玄空顛倒。來龍方均衰氣。水法均失其所。艮

水雖屬將來之生氣。本能召吉。本運旺氣無力。應主大敗。至六運。即體用兼得。龍與水。正合直達補救。經云更取貪狼成五吉。山中有此是眞龍。細玩此山。即能瞭其要旨矣。

●實驗二十六

巽	離	坤
震	中	兌
艮	坎	乾

五運陽宅。癸山丁向。巽上浜水。從離橫過。至庚酉方曲消。巽上節孝坊。靠東邊、一家。亦五運造。同向。丁財好。二子一女皆啞。

（註）九星中惟五七最難用。按本運七赤雖在三般。亦能爲禍。巽水一白本吉。節孝坊當作山論。二黑已屬死氣主凶。二子一女皆啞者。其凶在兌宮消水所

致也。

● 實驗二十七

吳姓五運乙山辛向。乾兌池水。從坤離方低田流去。巽太湖。卯氣。又於六運附葬甲山庚向。又附葬巽山乾向。丁財大旺小秀。其宅六運癸山丁向。前三間一廨三進。後五間一廨

巽	離	坤
震	中	兌
艮	坎	乾

三進。第四進靠西一房巽門。本與幼童臥。其童子俱病腹中有塊。改艮門。令其不閉。雖設不關。以通奧妙。數月即愈。其所居房內五六人。或生癧瘡。或腹內有塊。或生脾症。一概皆愈。

(註)兌為旺氣。乾為生氣。有池水為吉。巽方太湖。為八白

輔星。卯氣五黃令星。丁財兼得之局。六運能立甲庚。亦合玄空妙意。乃理氣家之剪裁。非俗師所能道也。其宅行巽門。病符之方。坤屬土。屬脾胃。改艮門者。取七赤生氣是耳。

● 實驗二十八

巽	離	坤
震	中	兌
艮	坎	乾

無錫北門塘祝源茂。五運癸山丁向。一間三進樓房。乾上大塘河來水。從兌坤離巽止。巽上另有水來。合成三义。轉艮消。屋遮。財發五六萬。金至六運末年。靠東買大房一所。另開大門。原向。多病。傷丁。出寡。大敗。黃遇黑。黑遇黃。

(註)在五運時。水法生旺。輔星兼收。故大發。至六運。則變

爲衰死之氣。紫白云。二主宅母多病是也。至某水合玄空某星。查大玄空路透中各圖說。即可知其根據矣。

●實驗二十九

巽	離	坤
震	中	兌
艮	坎	乾

四運乾山巽向。乾上出脈。落平田結穴。乙辰巽巳丙案山朝拱有情。已上來水。至巽辰方。其間四曲。坤申有水。爲屋遮攔。未丁午丙水。至巽合聚。到卯乙上開洋。丑艮方屈曲消出。扦後丁財大旺。此爲五吉之局。其地左爲蔣承祖五運乾隆三十四年巳丑用。戌山辰向。發財五萬餘。至七運入泮。

(註)乾上玄空五行。論值六白。巳屬三般。巽上案山及來

水。有四綠旺氣雙到。卯上又爲將來之生氣。直達補救兩得。五運戌山辰向。體用皆合。如仍立乾巽。則吉凶之分。不啻霄壤矣。

●實驗三十

宜興紅林里。周延儒祖坟。六運庚山甲向。辛酉主山。頂峯不正。貼身出脈。吐唇數十丈。唇頭偏斜。南高山爲砂。北土峯三層繞抱。丙高山峯甲卯乙案山。拖出兩山脚。直射攛堂。案外高峰。在甲方直挺。形如寶塔。離巽水合聚。卯方轉艮消坎。明堂寬曠。有數十畝。

巽	離	坤
震	中	兌
艮	坎	乾

（註）兌卦爲山上龍神。有頂峰最吉。震卦爲水裏龍神。合成聯珠。有山有水。尤爲難得。艮方爲人元兼取之輔星。有水發福最久。其吉不可勝言也。

本書合計本有二百圖左右。茲特取出三十圖。聊作參考。雖未窺其全豹。而閱者諒可舉一反三而瞭然矣。其餘從略。

●談氏實驗十六圖

以上三十圖。爲無心道人原稿。此圖皆養吾身立其境實地試驗得來。因係近代之物。不載姓氏。其餘圖說。統而記之。不下數百種。因限於篇幅。從略不載。

翠亨某氏祖塋

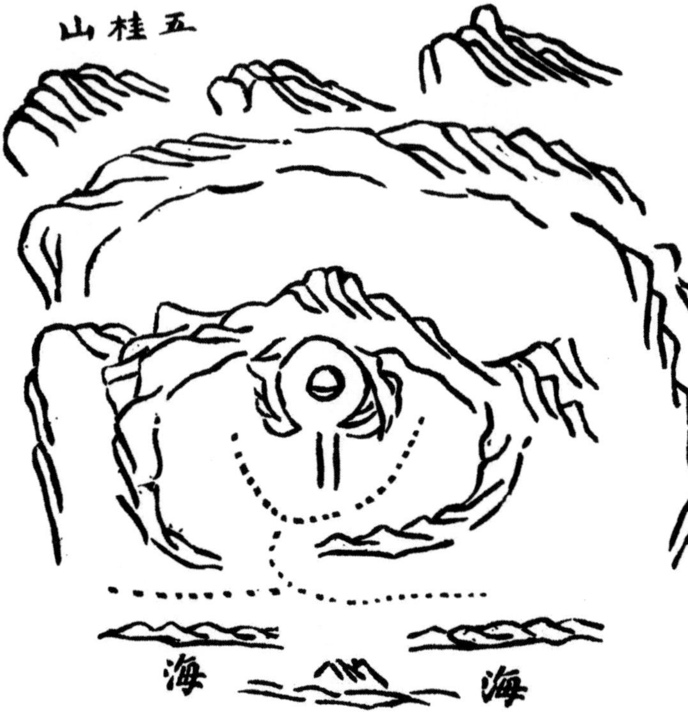

某氏初本寒微。據稱葬時皆用自己工作。迄今數十年。即名震寰宇。爲我國偉人。足見地靈人傑之說爲不誣。葬於咸豐四年。爲九運。戌山辰向兼乾巽。可稱午山午向之妙。今進中元。四九爲友。似可再進一步。所嫌朝山不秀。恐護從者多庸碌之輩耳。按局本非尋常。在四運尤爲正局。能從事挽救。可見手法之妙。

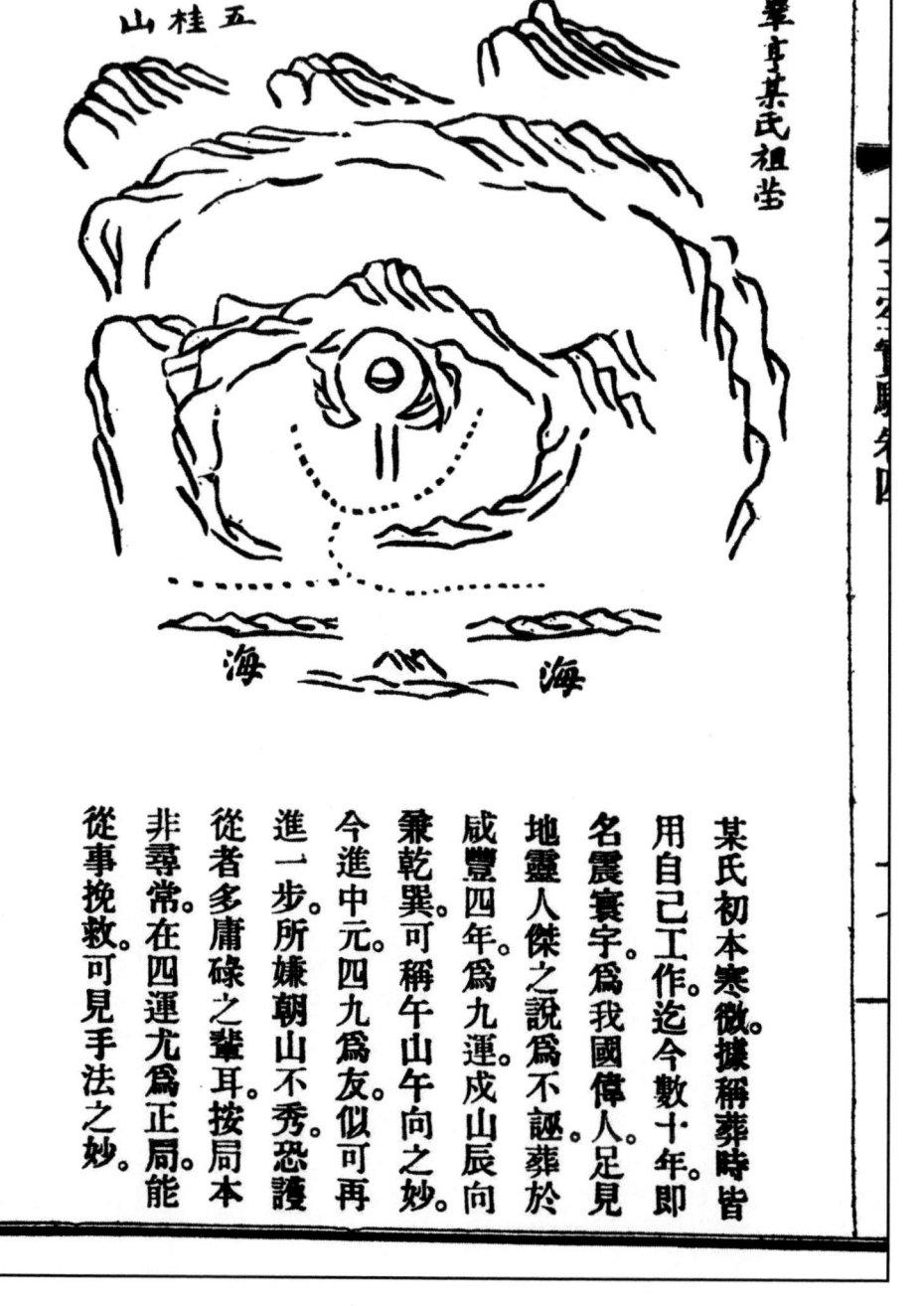

香港某大老祖塋

某氏年高八旬。爲我國聲譽最著者。常以和平爲前題。一唱百和。舉國稱頌。其愛國熱忱。可爲吾國模範。此墓即其生母也。按碑係光緒二十三年所建。實則一運所用。庚山甲向。向首衆水合聚。經年停蓄。屈折出坎。坎艮海水汪洋。聚而不散。本身嫩胍透現。三運得利。財局丁口兼旺。水主財祿。山管人丁。觀此益明矣。

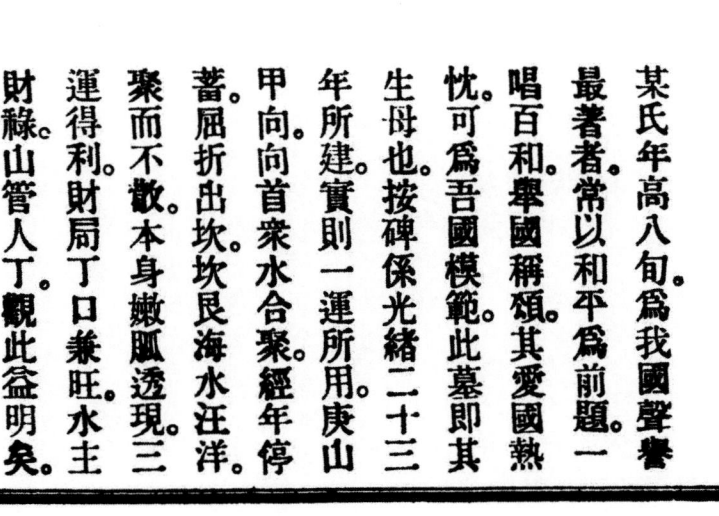

香港某財長新宅

某氏心地忠厚。按其舊墓應主上元末進大發。已記粵遊一東內。今年復建新宅。脈自香港之最高處蜿蜒而來。聚蓄本宅。宅外馬路繞環。以收龍氣。立丙山壬向。宅後有水有山。令星會合於此。定卜秀士連添。庚午年最利。向首生氣。爲三般卦之一。可旺中元四五兩運。海水汪洋。左右堂局頗佳。將來發福。定無限量也。

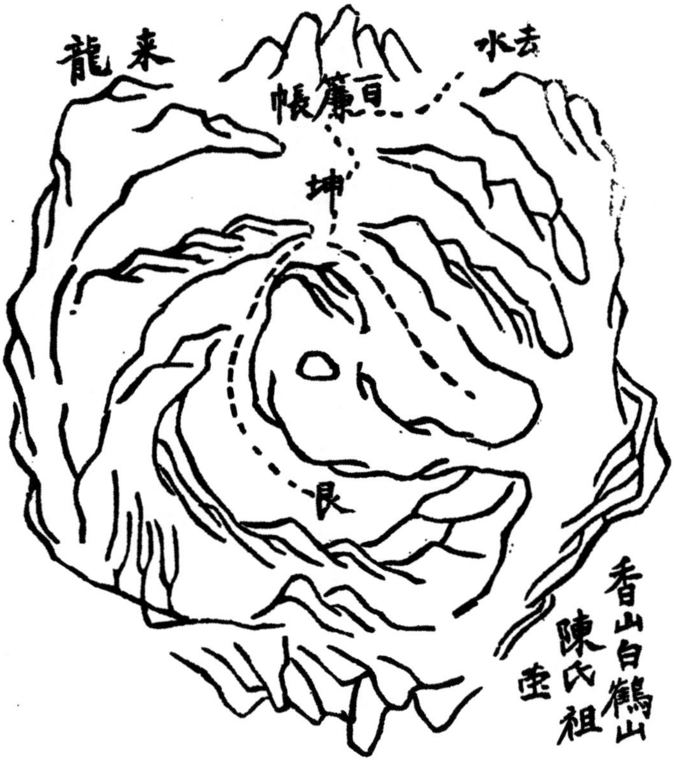

據某氏云。此地係出友人贈送。按某氏存心博愛。當其留學泰西。凡國內人士蒞至。悉數招待。並給衣食。所謂福人得福地。觀此益顯矣。按此地局。左右龍虎拱抱。前護後擁。界水之玄而出。乃天然之結地也。用於上元二黑運。艮山坤向。理氣雖未見挺秀。然竟得博士少將。上元甲子生。下元辛亥生均旺。經云。四一同宮。科名登發者此也。此地當現在四運。再能修之。則將來更可顯揚矣。

香山某總督祖塋

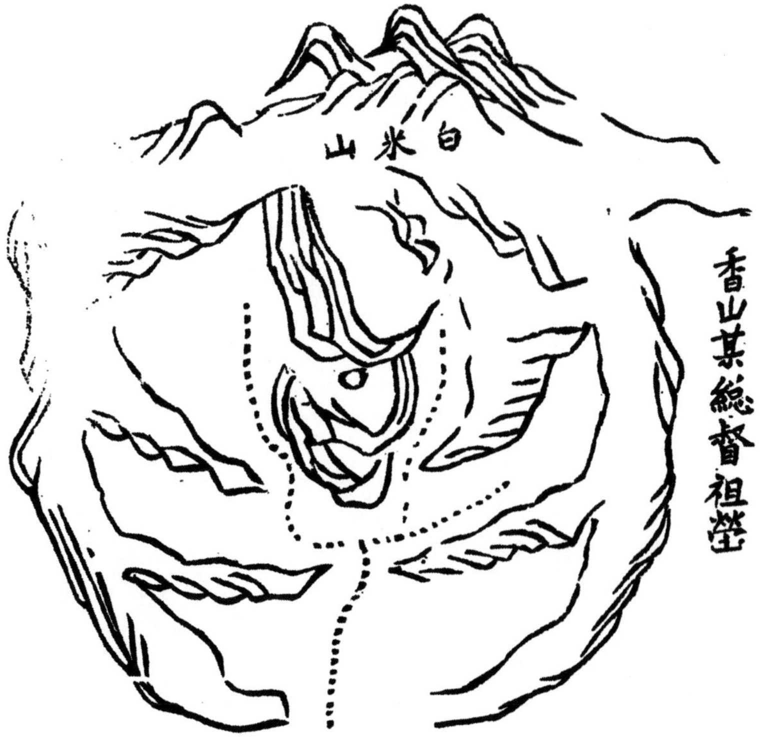

按此山形勢挺秀。爲該縣最有名之墓。係名師李氏墨齋手定。名曰出水象。本山樹密陰濃。莊嚴可觀。遠眺海水汪洋。據土人云。當同光年間。官職連綿。每遇春秋祭掃。旗幟飄揚。皆官銜之最尊者。總督道銜數人。惜無碑記查其葬時年代。格之乃辛乙酉卯山向。按其氣運。當在一九運大旺。將來六八運。仍可大發現在合族人丁已有數萬云。

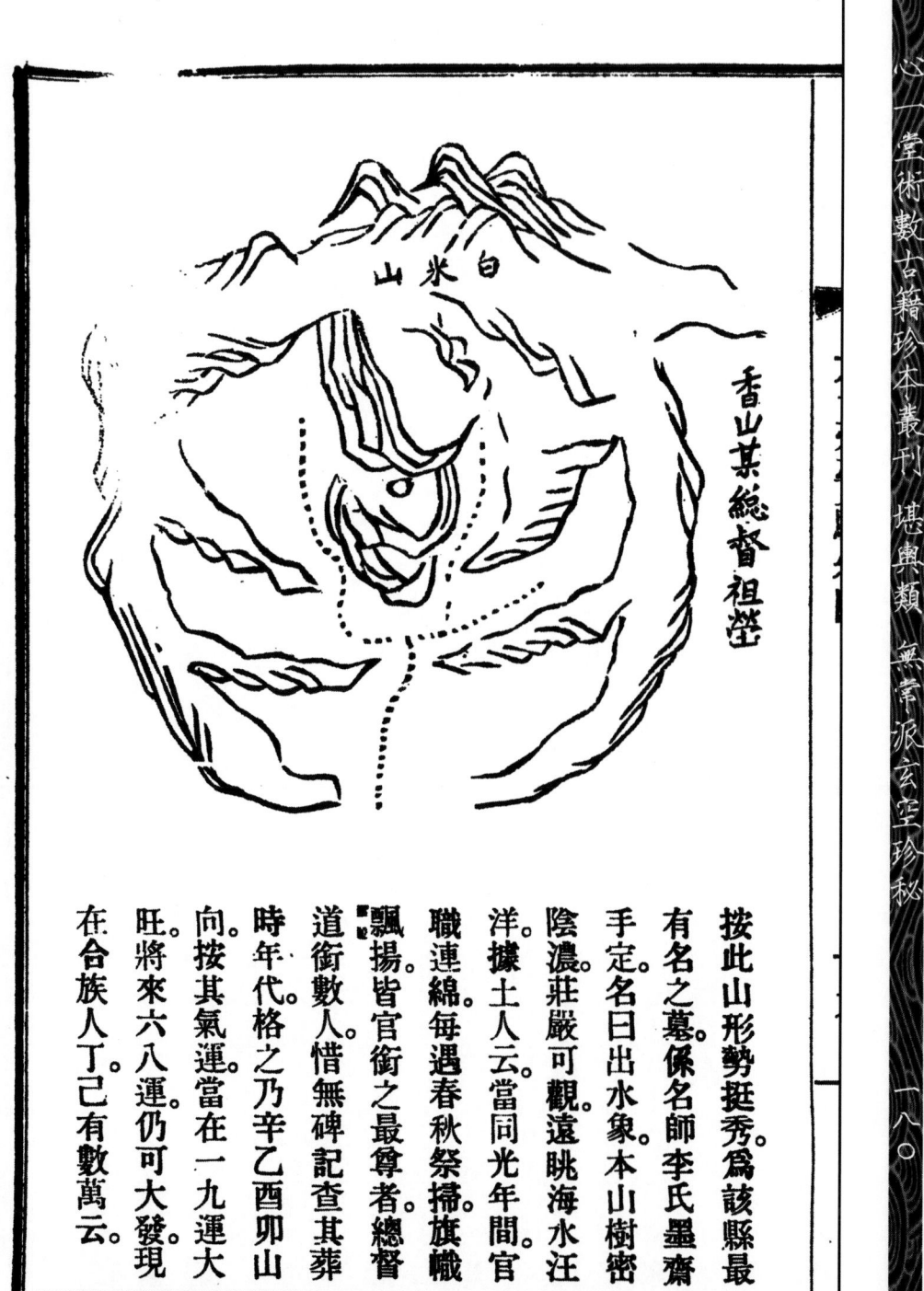

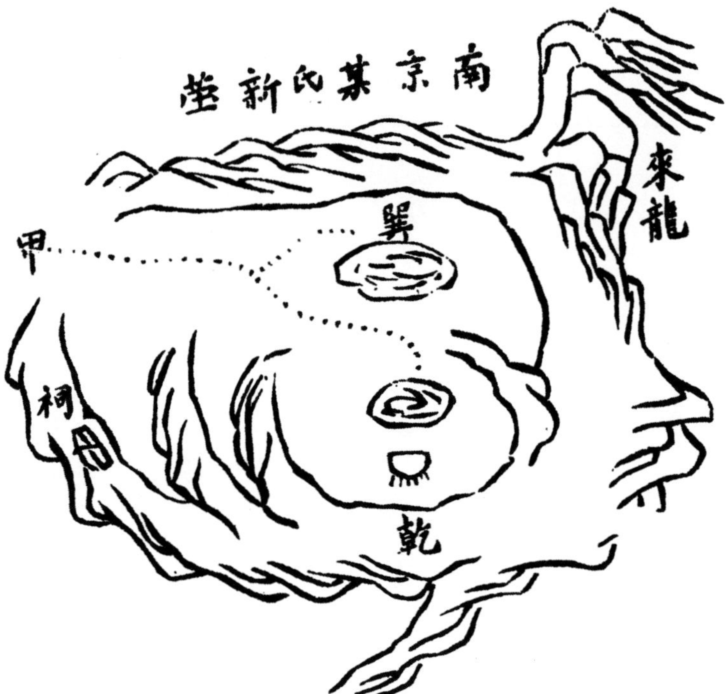

某氏爲合肥望族。前清功勳最著。據稱其發地。均在前之中下元所築。形勢天然。因以得此。此地乃其近時新置者。按之形勢。似非大地。其內五行却佳。向首蓄水兩池。屈消甲卯。生旺兼收。穴星在龍之回繞處。形如圈椅。本運乾山巽向。體用並合。亦發祥之局也。

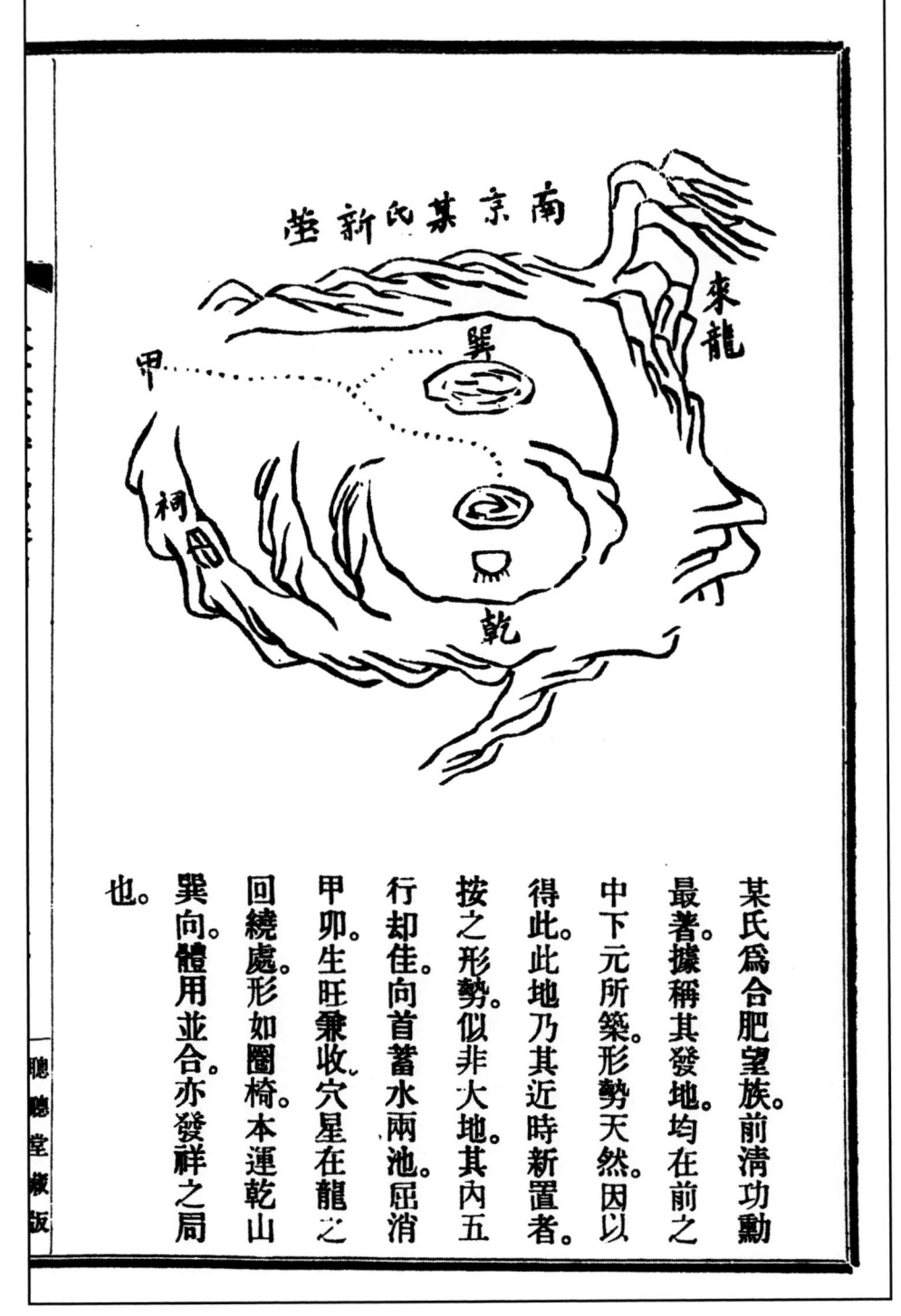

滬西某宅

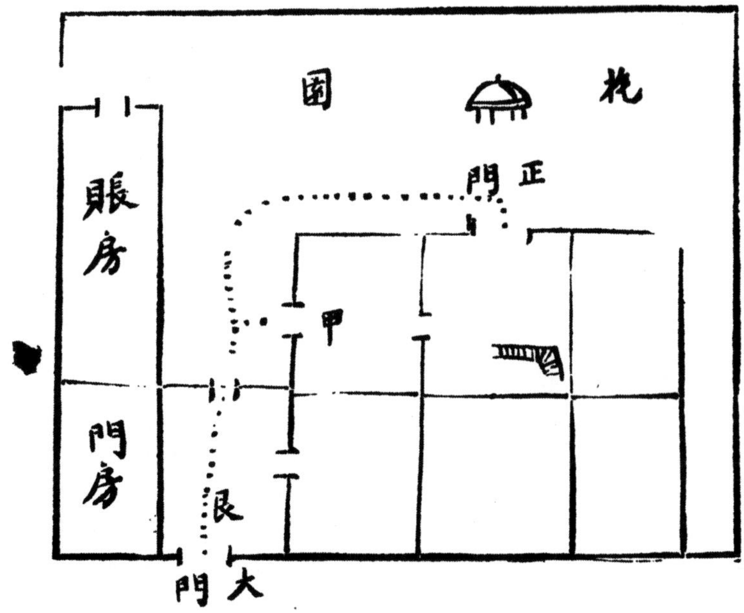

此宅地當滬西。建於三運中年。入宅於三運末年。正宅壬山丙向。前園空曠。外門當宅之艮宮。入宅門行震宮。住後諸事欠當。財局亦受影響。向首已乘衰氣。入宅又爲五黃。今年甲子。全屋修理。倫奐一新。又將內門略爲變更。以迎四綠旺氣。闔宅順利。將來發祥。眞無限量也。

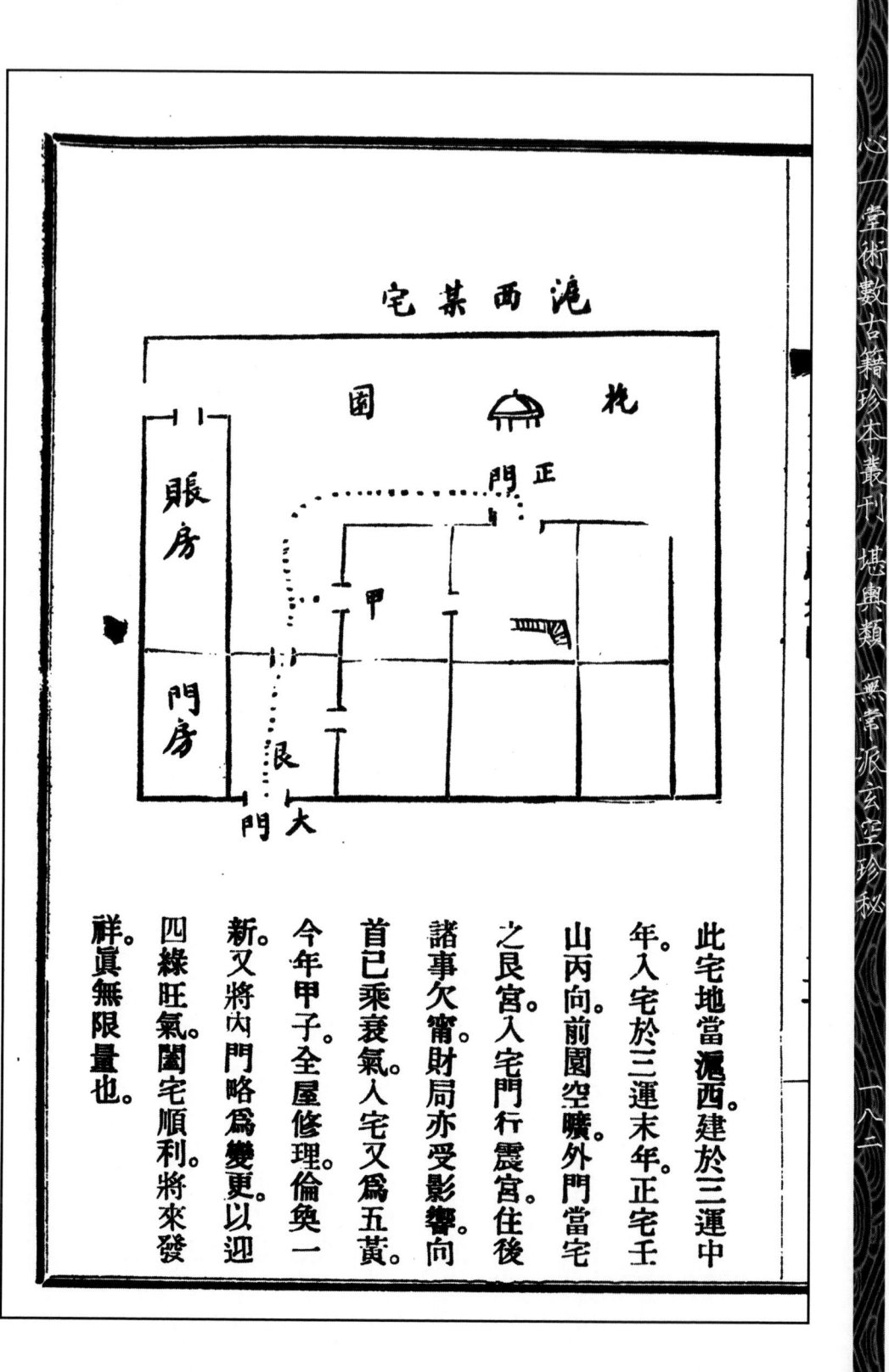

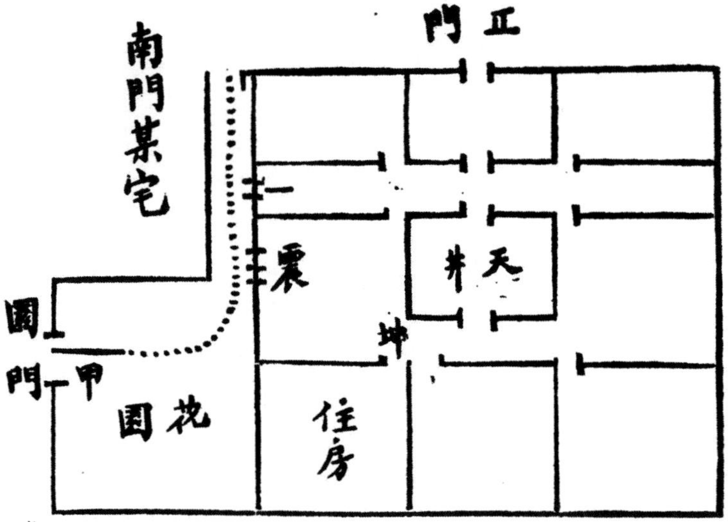

陽宅之吉凶。其驗皆在目前。此宅造於三運癸山丁向。震宮二門出入。離宮大門緊閉。宅主上元戊辰。命宮與玄空五行相尅。動輒遭咎。經病日久。當將震門堵塞。改行離門。再將內門改乘生旺之氣。未幾即愈。三合家往往以干支門為言。殊未知玄空之本意也。復人舊宅。不難瞭解也。

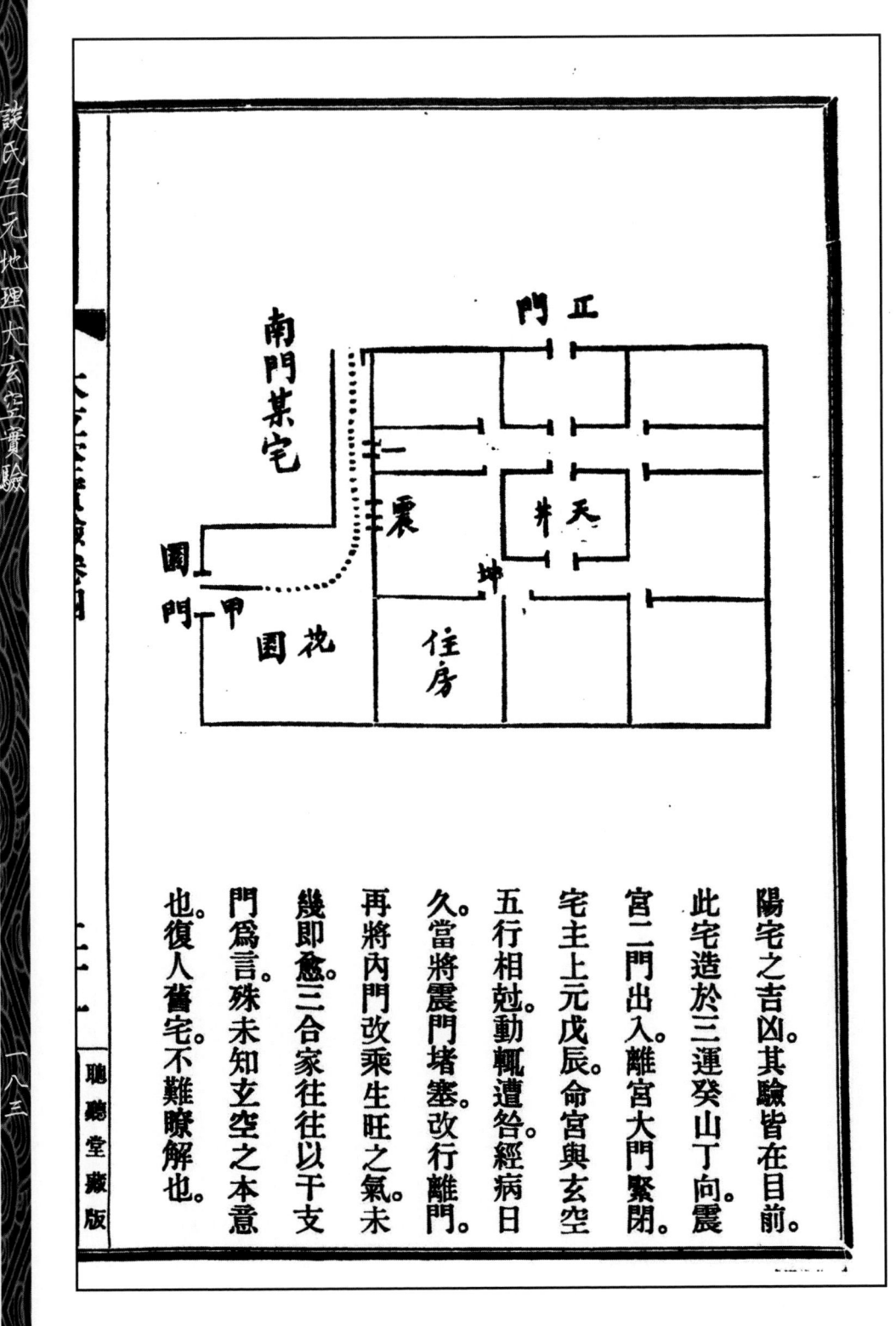

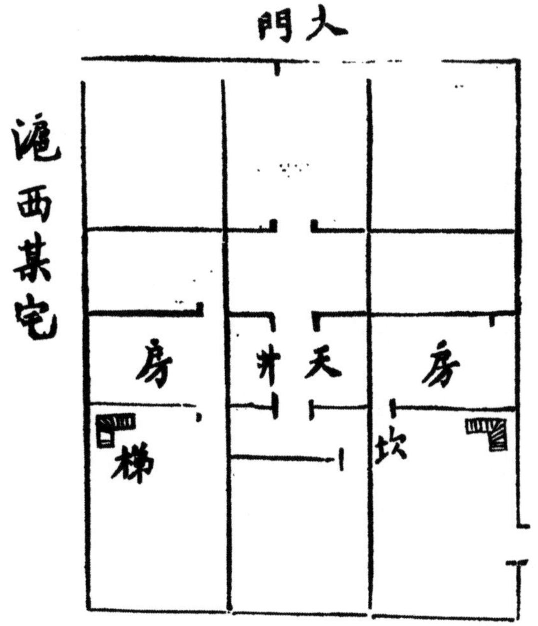

滬西某宅。三間三進。頭二進造於一白運。丁財大旺。三進造於三運末年。乾山巽向。住房門在艮坎兩宮。未幾傷三四丁。建築甚建。不易修改。擬於乙丑年大修。否則殊難平安。現在住房全數搬出。畏之如蛇蝎。噫亦云難矣。

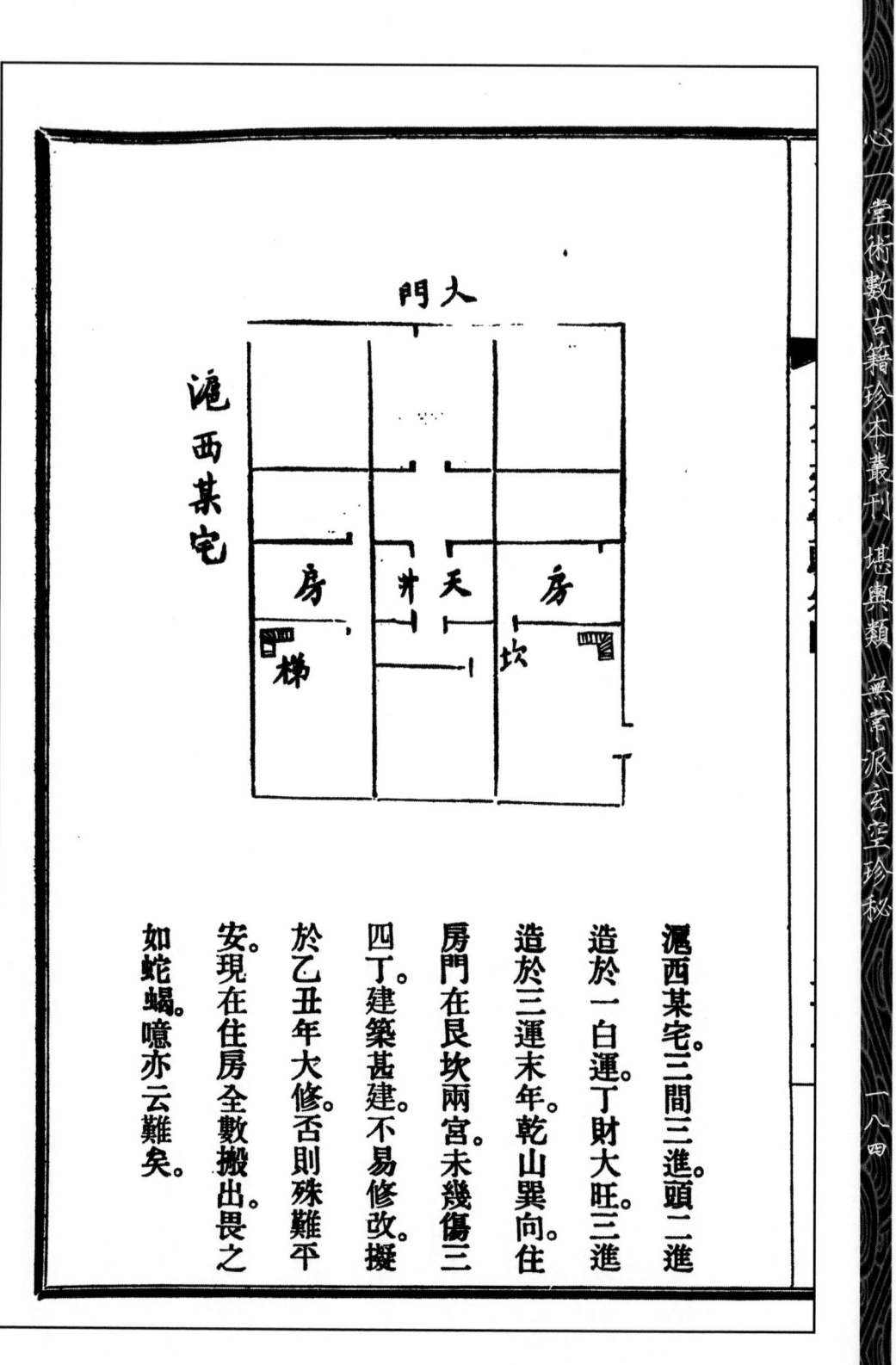

吳縣某氏新宅三運造

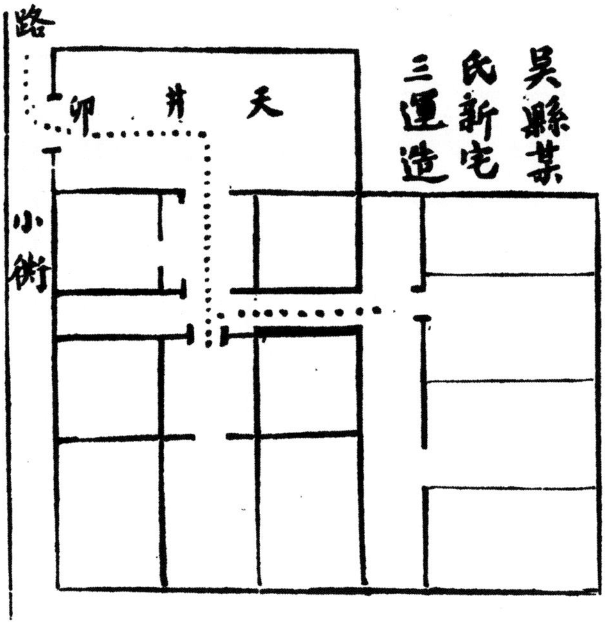

此宅建於三運中年。乾山巽向。屋宇森嚴。亭角四嶄。大門氣口。行宅之左方卯門。適値九紫衰氣。未幾即失敗。經云。向首一星災福柄。故陽宅以氣口爲重。今已進中元。合局當旺、急宜修建。衰氣變爲生氣。顚倒變爲正位。挽救之法。非難事也。

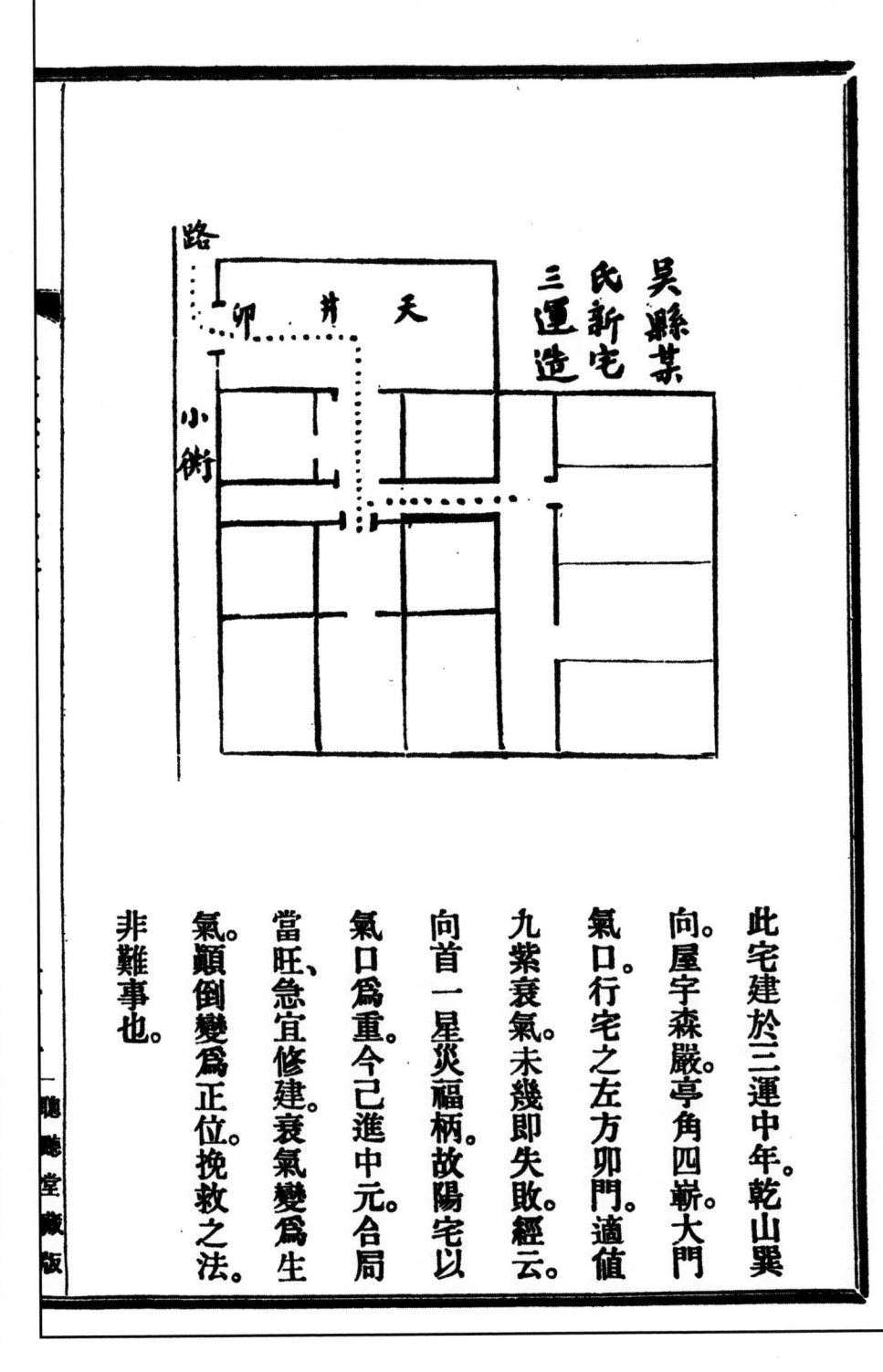

虹口某宅

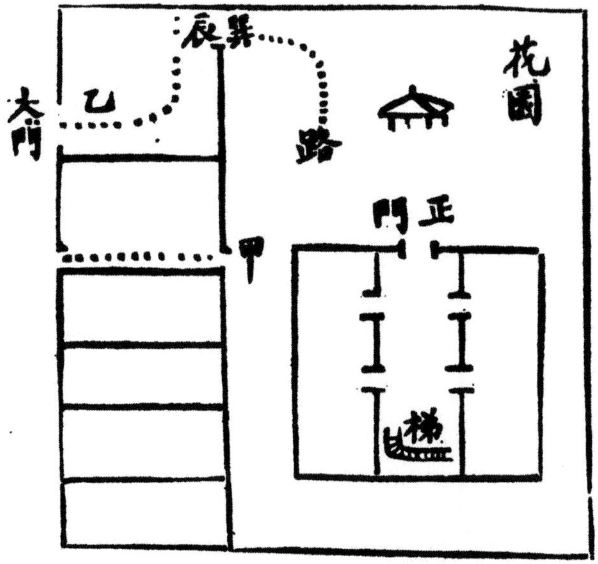

本宅建於三運末葉。前園後樓。入宅內路。初在宅之卯上。因之疊受影響。去冬擇吉改行巽門。將震卦堵塞。以中元論。則爲旺氣。以上元論。則爲五吉。雖工作不無耗費。而護益定可倍增。改後諸事獲利。已見其驗矣。

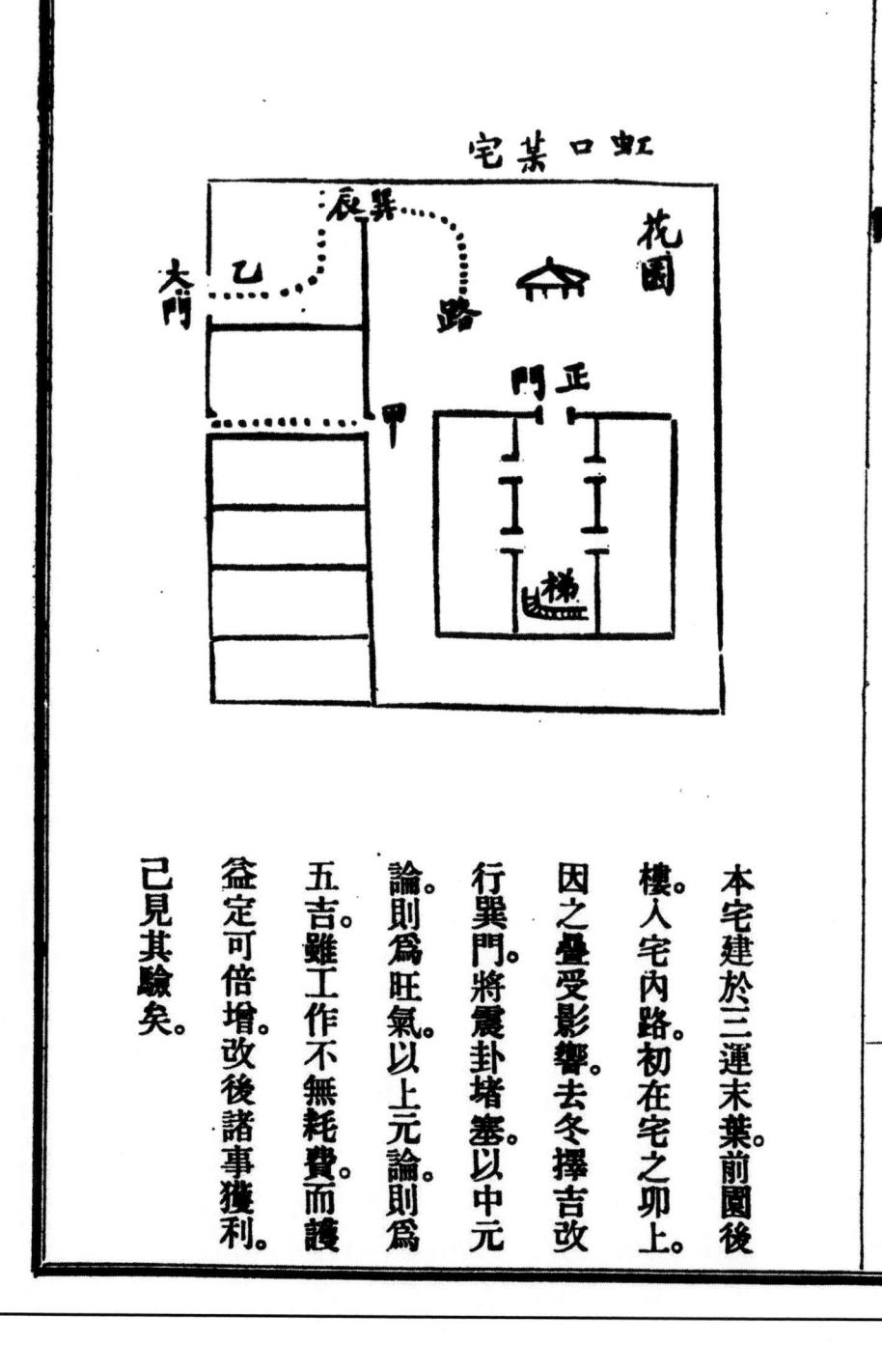

川沙某氏新塋

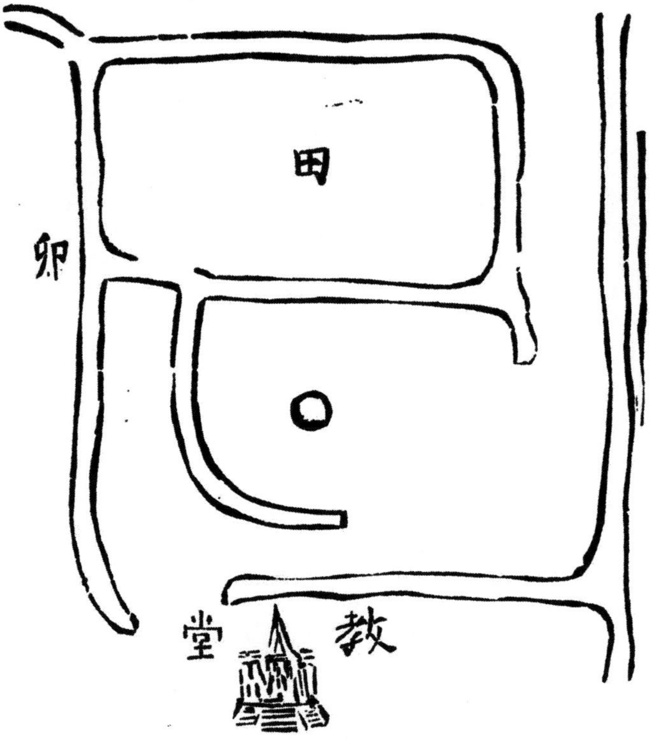

某氏本屬信教。墓宅不用相卜。因見近代大家遇建築等事。莫不延聘高明。特爲破例用之。以盡孝道。平田結穴。突中之窩。水法清純。坐山高樓挺立。前爲文昌。後有武曲。生旺均收。將來文士呈祥。可預卜也。

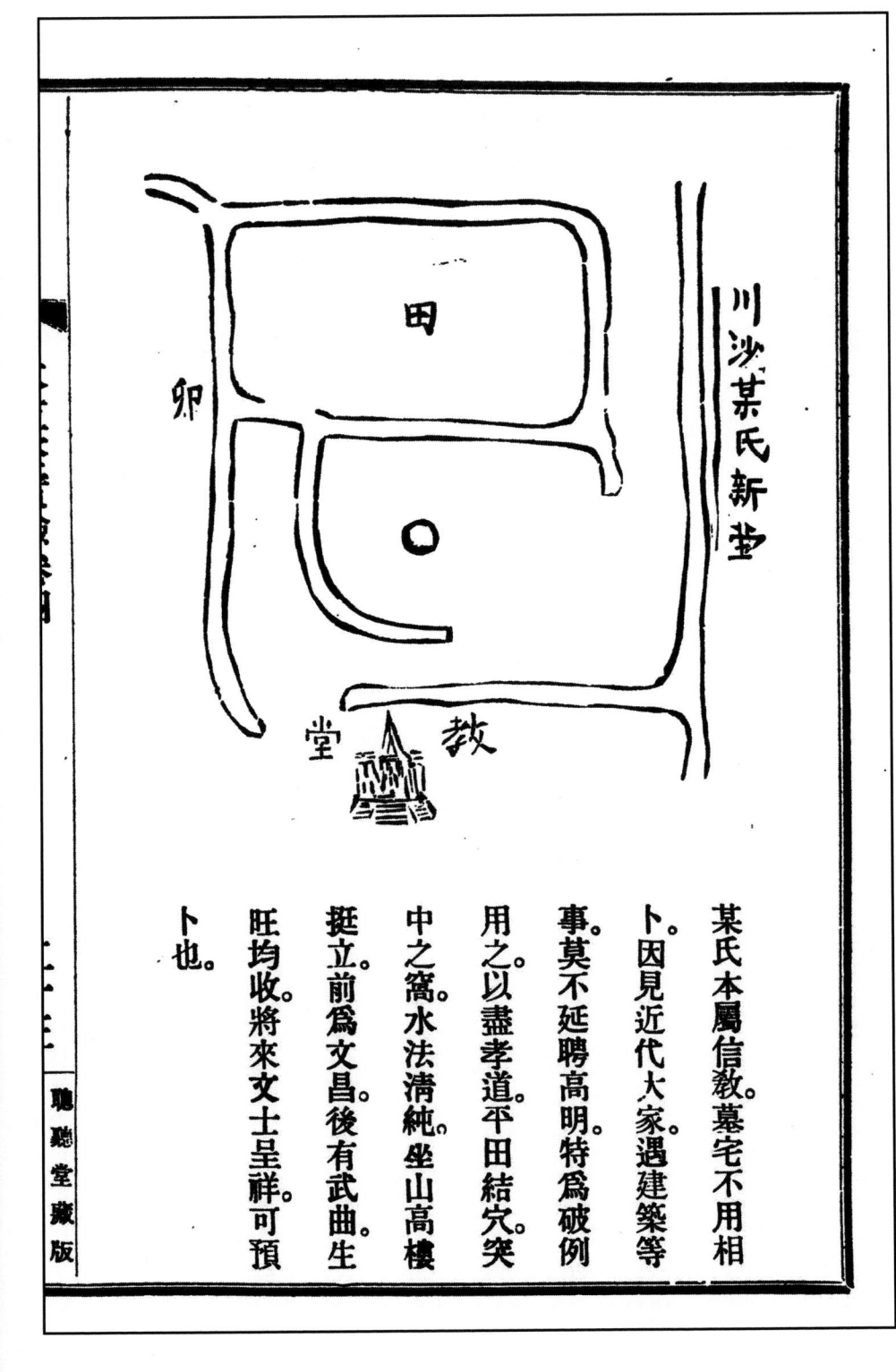

常州黃氏祖塋

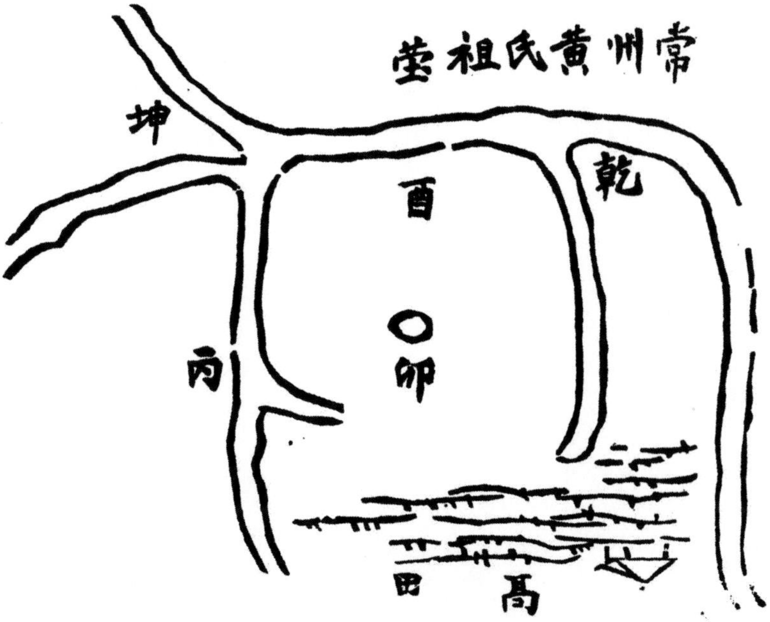

某氏素心慈善。爲城東彌陀家。生二子長孫一。次子多女丁。並多病。後將祖塋遷葬於此。時在民國丙辰年。立卯山酉向。用後次子連生數孫。病亦霍然。地雖平洋。龍氣極佳。經云。平洋一穴勝千峯。誠不誣也。

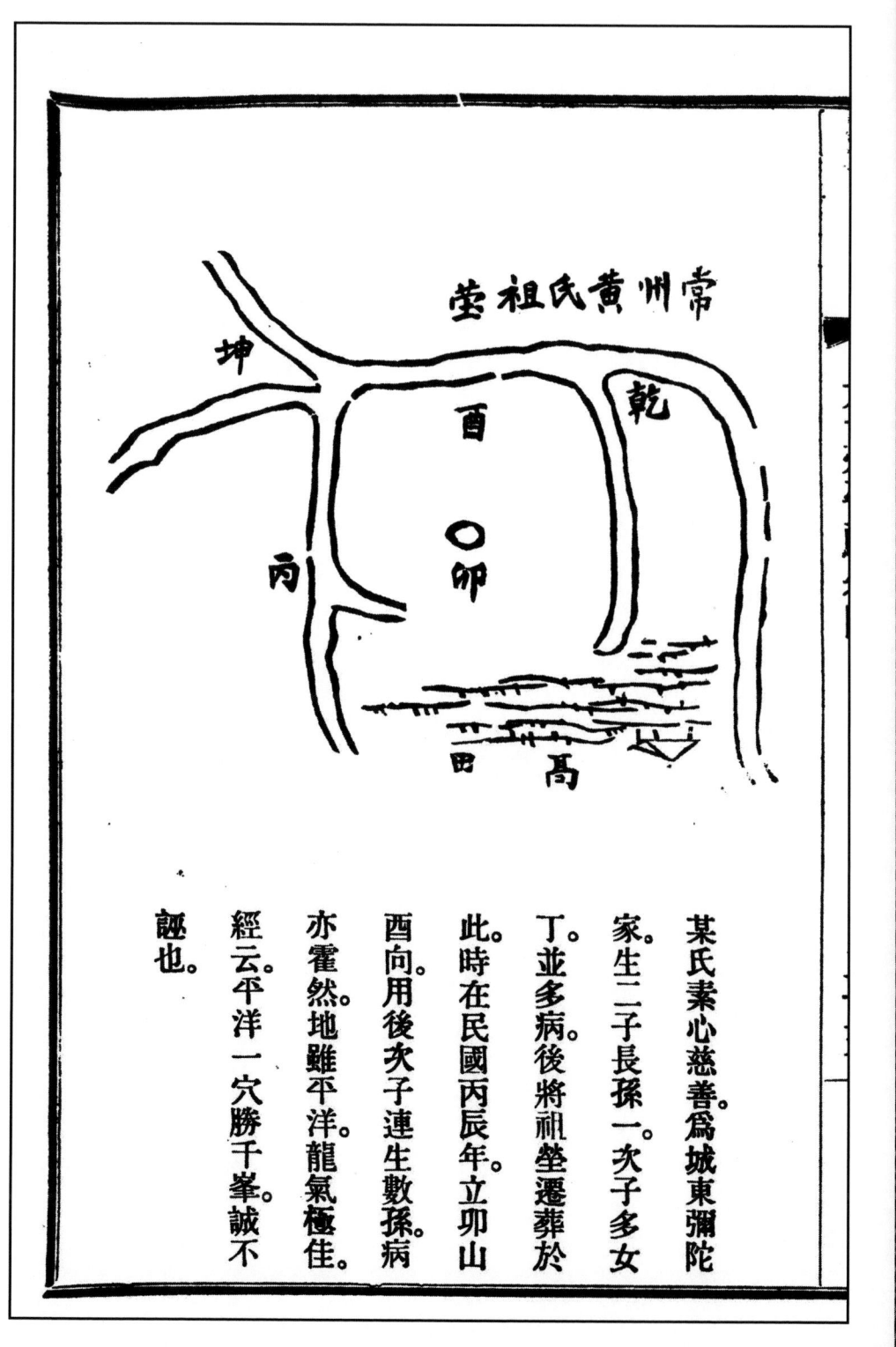

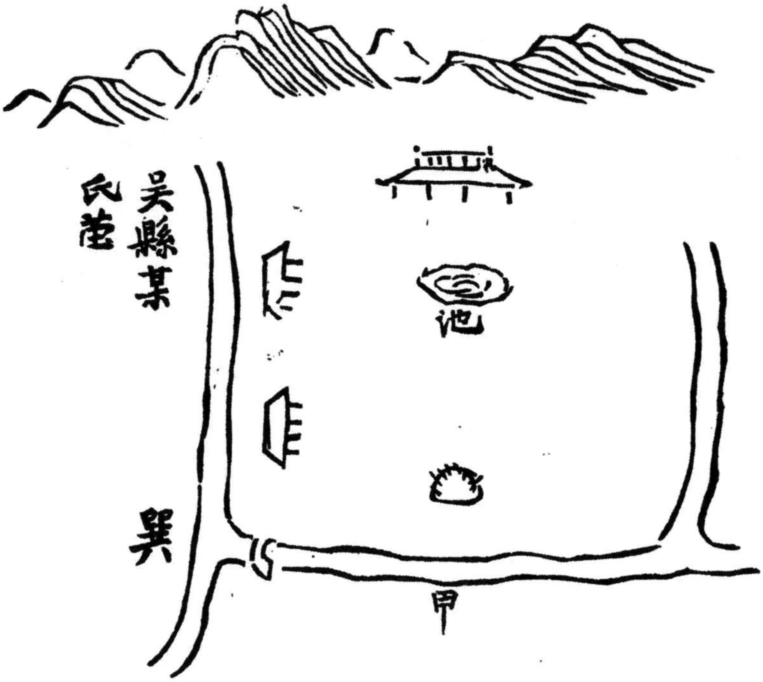

歐戰時。我國商界之驟富者。指不勝屈。某氏亦其一也。墓近天平田龍灝水立穴。甲山庚向。巽宮入口。坐空朝滿。按三元理氣。均不爲合。將來吉凶。殊難測度。今人徒知求表面。不求實在。實非孝子仁心之本意。姑誌之。聊作研究。

聽[illegible]堂藏版

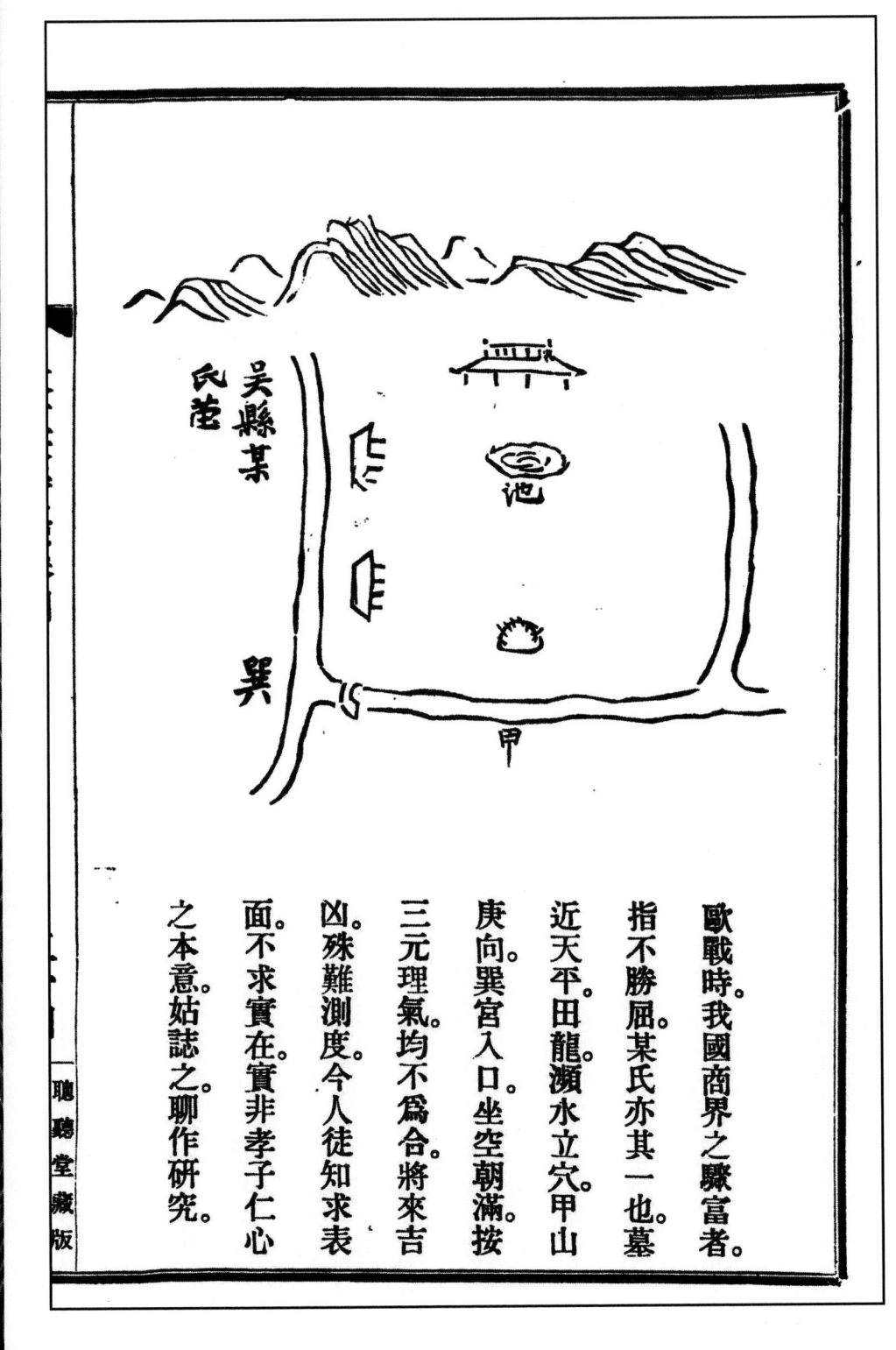

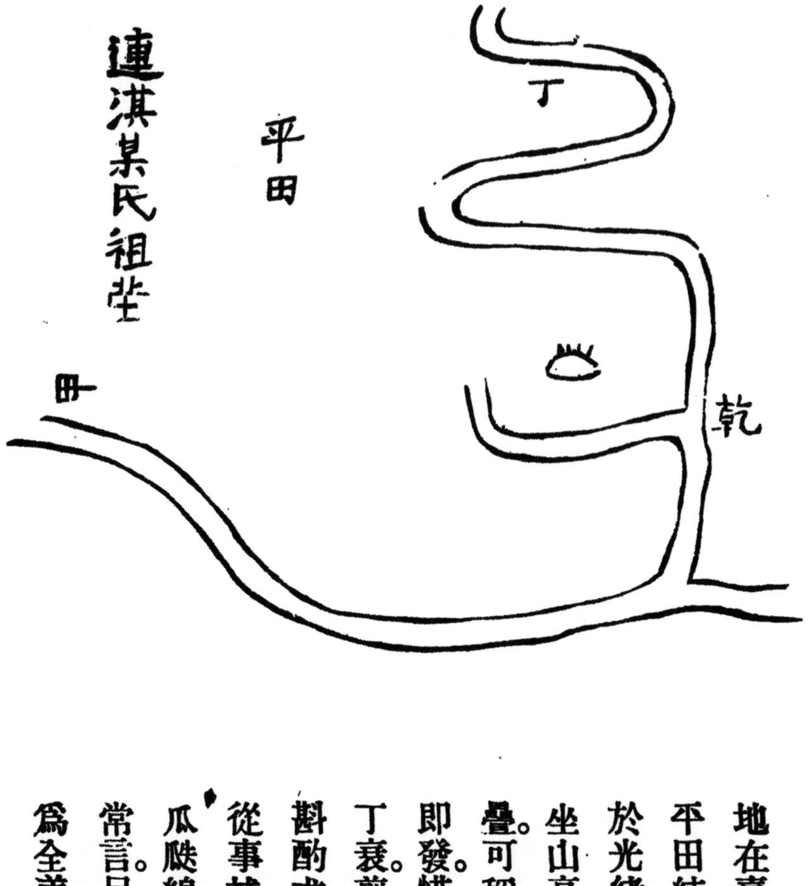

地在嘉定城東。瀕連淇南岸。平田結穴。水勢之玄有情。葬於光緒丁未三運癸山丁向。坐山高地來龍。向首正神疊疊。可稱卯山卯向之局。葬後即發。惜穴後龍氣阻斷。似嫌丁衰。剪裁本爲形家常事。而斟酌尤宜周詳。後山枝河。能從事補塞。則龍氣端厚。將來瓜瓞綿綿。可預卜也。堪輿家常言。目力心力足力三到。乃爲全美。

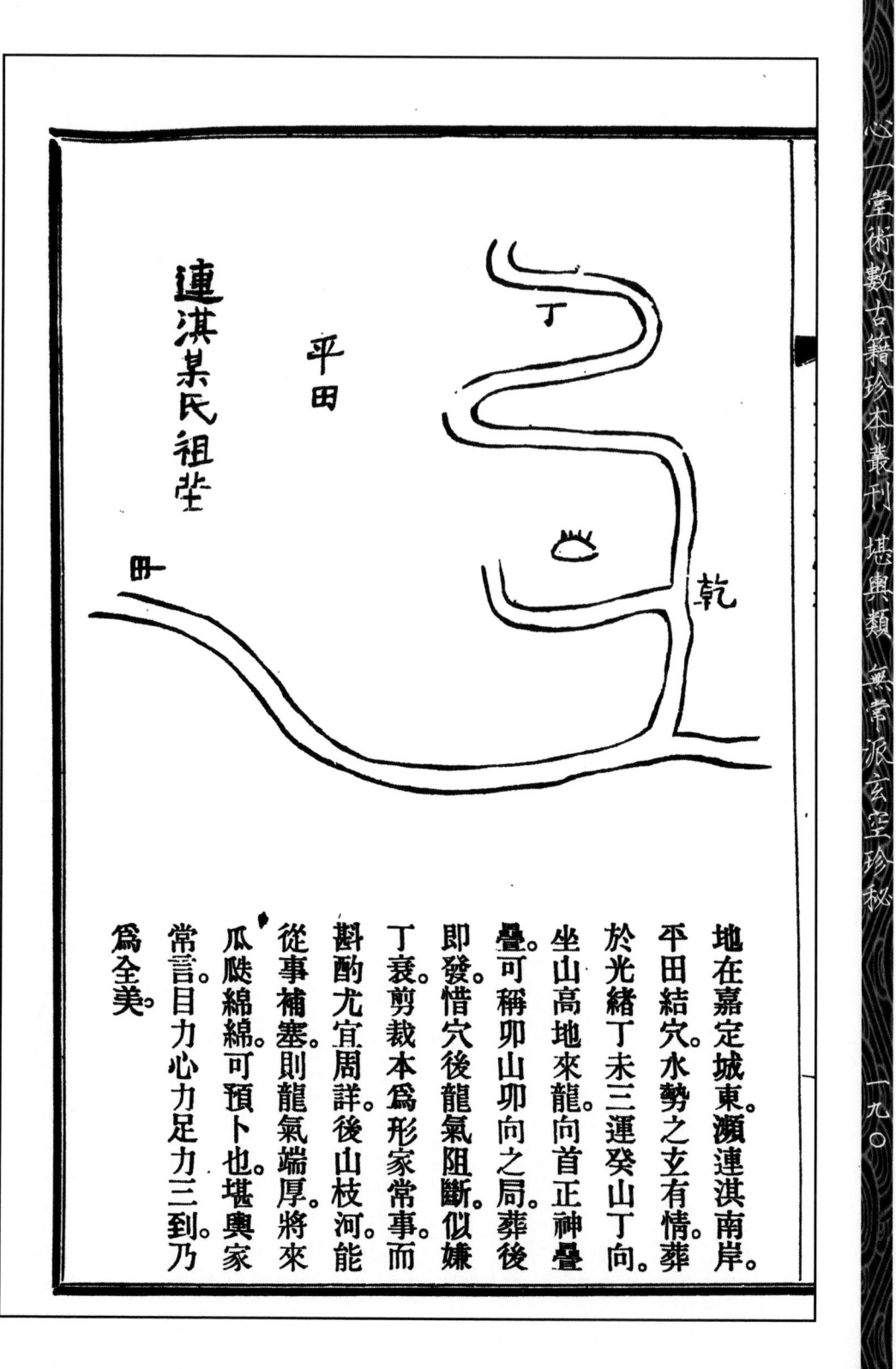

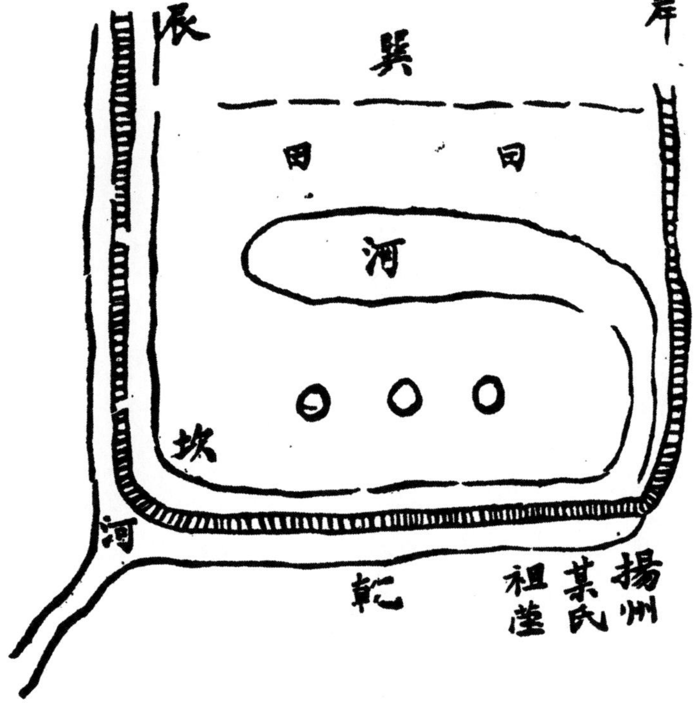

此墓爲維揚經營家信用最著之某氏祖地。在離城東南二十四里。此處多平洋。土皆青黑色。堆做者居多。黃土之僅見者。不過圩岸一部份耳。共計兩穴。二三運乾巽地。僅畝許。四面環水。葬後財局大旺。惟嫌丁衰。當地堪輿家聚訟數年。咸爲兼向之弊。養吾初至其地。當地名師。咸來訪問究竟。鄙即勸其補龍之法。將後山小浜埑塞。則龍旺氣厚。自有添丁之望。識者頷之。其法即在平洋與土色之分耳。

養吾先生大鑒

盤上乾坤安白骨

人間妙術溯青烏

陳夢魁敬贈

談氏三元地理大玄空實驗卷五

三元奇術研究社主任武進浩然談養吾著

第五章天星

●急葬說

急葬之說。已於前著濟世淺言中詳明矣。閱之者幸獲贊許。養吾豈敢博求虛譽。萬事當求實在。但祈能乎實行可矣。惟恐暴露之風。沿習已深。猶以無吉期爲言。茲不得不再加申言之。昔楊公倡言救貧。運用倒杖。以測晷影。以定時刻。其法可謂良矣。不知者以爲其杖有異術。實則全用陽光耳。太陽爲至尊之一星。得其光則衆凶皆化。今之七政四餘。即其道也。堪輿二字。本含天文地理二者而言。必天得其天。地得其地。方爲完善。否則時刻轉移。陽光散射。失之毫釐。謬以千里。蔣公云。深則論宮淺論度。一分一秒不容情。全憑測晷之準驗。古之葬法。本有常規。後人誤信干支。遂置天星於不顧。習焉不察。以爲吉期難逢。實則無日無太陽。即無日無吉期。不拘拘於何格何局。爲能得其至尊之一吉耳。所謂一貴當權。諸凶咸伏。急葬之法。舍此沒由。竊願世之已未暴露不葬者。急樂而行之。庶於孝道無愧。至其種種利害。及行用法。已載前著。茲不贅述。

●天星概略

選擇一法。諸家雜出。古人大關特關。屢載書册。如協紀一書。已盡去其半。蔣公一本楊公救貧之法。特著天元選擇一章。以教後人。惜後人不察其所以。仍用干支。不知干支聊以紀歲。非以選擇也。候星之法。以七政經緯爲本。候其到山到向。合時合局。取其精光燭照。俾死者得此陽光。成爲吉命。則無所謂太歲三煞七煞也。第一集路透中略備干支。乃從俗耳。吾人能行用蔣公選擇之法。則無日不可造葬。無時不可用事。可免一切拘忌。可闢一切邪說。惜乎近世少見多怪。反謂之異術耳。惟一般高明者。尙能信用。今後不闢除迷信則已。苟欲倡行。勢必以採取天星爲主。茲因編著之便。聊撮數語。

以爲來者諸熱心之倡。至其詳細用法。後當續出。茲先將其大略披露之。

●造命辨

歷觀造命各書。其說有二。曰逢卯安命。曰逢酉安命。不知天地間之有物類。全賴陽光燭照。無太陽。則生機絕滅矣。故西人學佛成仙。有以頌拜太陽。呼吸陽光爲法者。此法雖未彰著。而行之者。頗不乏人。且成效卓著。足見陽光之於人生。誠至寶也。故造命家取日出爲命。卯爲日之門戶。萬物之母。其法至善。後人不知原理。誤以人之死也。已歸於陰。取日落於酉爲命。蔣公不云乎。死者命從生者定。葬者藏也。其吉凶禍福。仍應及其子孫。葬者安。則生者多福。葬者不安。則生者多禍。未聞有葬者凶。而其禍祇在冥冥間者。營葬雖爲死者吉凶。仍關生人。於此可見逢酉安命取其已入於陰之說爲不可據。墓宅之吉凶。大都由乎天氣流行。與夫人之氣血。有密切關係存焉。猶物之根荄與枝葉然。息息相通。不稍假借也。養吾學識謭陋。不敢強以此說爲是。爰舉其義。以質世之高才者。

●試用法

候星之法。仍以天地人三元爲主。分爲天地人三盤。玄空五行。及二十四山屬地盤。十二宮爲人盤。太陽十二辰宗動天爲天盤。地盤不動。天人兩盤。則隨時變遷。看月將之流行。五星之躔度。酌山向之吉凶。合格成局。乃爲上吉。再分其四時。定其恩用難忌。或照山或照向或夾照拱照橫天交氣等等。乃爲全美。不知者。誤以太陽到壬。即修壬山。太陽到子。即修子山。不知天盤之壬。與地盤之壬不同。天盤之子。與地盤之子不同。天常動。地常靜也。日出爲卯。日落爲酉。日中爲午。夜深爲子。此地卦之方向。非天卦之方向也。天卦之運行。則一日爲一小周。一年爲一大周。晝夜不息。旋轉不已。能明此天地盤之樞紐。則倈星之法得矣。欲求詳解。請看鄙製混天寶照新圖。如今年甲子八月中秋日。日躔已宮十九度三十六分。月躔亥宮十一度五十六分。金星在午宮三度三十四分。水星在巳宮十三度十分。孛星在申宮十八度四十二分。立某山某向。即以月將加時。看某星在何宮度。成何格局。其吉凶宜忌。即瞭如指掌矣。作者神而明之可也。

●隨地測時法

候星最重時刻。如時刻不準。則星度即差。格局不成。差之毫釐。謬以千里。此無他。乃地球之經緯線不同。日光普照早遲之分耳。其最善之法。即將日晷按照節氣。在用事地點。測定鐘點分刻。則所定時刻。自可絲毫不爽。若拘拘以一地之鐘表爲準。則東西南北。相距數百里。或數千里。較之當地。必大相懸殊矣可不慎歟。

●十一曜

日。月。土。木。火。金。水。孛。羅。計。炁。

●用星(一名福星)

春金土　夏水孛　秋木炁　冬火羅

●恩星

春火土羅計　夏金　秋水孛　冬木炁

●難星(當令極旺之星)

春木　夏火　秋金　冬水

●忌星(尅制恩用之星)

春除金土火羅計外　夏除水孛金外　秋除木炁水孛外　冬除火羅木炁外

●三合照

申子辰　寅午戌　巳酉丑　亥卯未　坤壬乙　艮丙辛

乾甲丁　巽庚癸

●同宮夾照

午山丙丁　坤山未申　酉山庚辛　乾山戌亥　子山壬癸

艮山丑寅　卯山甲乙　巽山辰巳

●隔宮夾照（舉八大山爲例）

午山巳未辰申　坤山丁庚丙辛　酉山申戌未亥

乾山辛壬庚癸　子山亥丑戌寅　艮山癸甲壬乙

卯山寅辰丑巳　巽山乙丙甲丁

●坐照（舉八大山爲例）

午山午　坤山坤　酉山酉　乾山乾　子山子　艮山艮

卯山卯　巽山巽

●對照（舉八大山爲例）

午山子　坤山艮　酉山卯　乾山巽　子山午　艮山坤

卯山酉　巽山乾

●拱照（舉八大山爲例）

午山亥丑　坤山癸甲　酉山寅辰　乾山乙丙

子山巳未　艮山丁庚　卯山申戌　巽山辛壬

●橫天交氣（舉八大山爲例）

午山卯酉　坤山巽乾　酉山午子　乾山坤艮

子山酉卯　艮山乾巽　卯山子午　巽山艮坤

民國十三年甲子季秋付刊

著作版權　武進浩然談養吾

發行　三元奇術研究社
上海新閘路北成都路祥安坊七百十六

代印　東方美術印刷公司
上海山海關路南興坊一百十七號半電話西一六三七

占筮類			
1	擲地金聲搜精秘訣	心一堂編	沈氏研易樓藏稀見易占秘鈔本
2	卜易拆字秘傳百日通	心一堂編	
3	易占陽宅六十四卦秘斷	心一堂編	火珠林占陽宅風水秘鈔本
星命類			
4	斗數宣微	【民國】王裁珊	民初最重要斗數著述之一；未刪改本
5	斗數觀測錄	【民國】王裁珊	失傳民初斗數重要著作
6	《地星會源》《斗數綱要》合刊	心一堂編	失傳的第三種飛星斗數
7	《斗數秘鈔》《紫微斗數之捷徑》合刊	心一堂編	珍稀「紫微斗數」舊鈔秘本
8	斗數演例	心一堂編	
9	紫微斗數全書（清初刻原本）	題【宋】陳希夷	斗數全書本來面目；有別於錯誤極多的坊本
10－12	鐵板神數（清刻足本）——附秘鈔密碼表	題【宋】邵雍	無錯漏原版 秘鈔密碼表　首次公開！
13－15	蠢子數纏度	題【宋】邵雍	蠢子數連密碼表 打破數百年秘傳　首次公開！
16－19	皇極數	題【宋】邵雍	清鈔孤本附起例及完整密碼表 研究神數必讀！
20－21	邵夫子先天神數	題【宋】邵雍	附手鈔密碼表 研究神數必讀！
22	八刻分經定數（密碼表）	題【宋】邵雍	皇極數另一版本；附手鈔密碼表
23	新命理探原	【民國】袁樹珊	子平命理必讀教科書！
24－25	袁氏命譜	【民國】袁樹珊	
26	韋氏命學講義	【民國】韋千里	民初二大命理家南袁北韋
27	千里命稿	【民國】韋千里	
28	精選命理約言	【民國】韋千里	北韋之命理經典
29	滴天髓闡微——附李雨田命理初學捷徑	【民國】袁樹珊、李雨田	命理經典未刪改足本
30	段氏白話命學綱要	【民國】段方	民初命理經典最淺白易懂
31	命理用神精華	【民國】王心田	學命理者之寶鏡

32	命學探驪集	【民國】張巢雲	發前人所未發　稀見民初子平命理著作
33	澹園命談	【民國】高澹園	
34	算命一讀通——鴻福齊天	【民國】不空居士、覺先居士合纂	
35	子平玄理	【民國】施惕君	
36	星命風水秘傳百日通	心一堂編	
37	命理大四字金前定	題【晉】鬼谷子王詡	源自元代算命術
38	命理斷語義理源深	心一堂編	稀見清代批命斷語及活套
39－40	文武星案	【明】陸位	失傳四百年《張果星宗》姊妹篇　千多星盤命例　研究命學必備
相術類			
41	新相人學講義	【民國】楊叔和	失傳民初白話文相術書
42	手相學淺說	【民國】黃龍	民初中西結合手相學經典
43	大清相法	心一堂編	重現失傳經典相書
44	相法易知	心一堂編	
45	相法秘傳百日通	心一堂編	
堪輿類			
46	靈城精義箋	【清】沈竹礽	沈氏玄空遺珍　玄空風水必讀
47	地理辨正抉要	【清】沈竹礽	
48	《玄空古義四種通釋》《地理疑義答問》合刊	沈瓞民	
49	《沈氏玄空吹虀室雜存》《玄空捷訣》合刊	【民國】申聽禪	
50	漢鏡齋堪輿小識	【民國】查國珍、沈瓞民	
51	堪輿一覽	【清】孫竹田	失傳已久的無常派玄空經典
52	章仲山挨星秘訣（修定版）	【清】章仲山	章仲山無常派玄空珍秘
53	臨穴指南	【清】章仲山	門內秘本首次公開　沈竹礽等大師尋覓一生未得之珍本！
54	章仲山宅案附無常派玄空秘要	心一堂編	
55	地理辨正補	【清】朱小鶴	玄空六派蘇州派代表作
56	陽宅覺元氏新書	【清】元祝垚	簡易・有效・神驗之玄空陽宅法
57	地學鐵骨秘　附　吳師青藏命理大易數	【民國】吳師青	釋玄空廣東派地學之秘
58－61	四秘全書十二種（清刻原本）	【清】尹一勺	玄空湘楚派經典本來面目　有別於錯誤極多的坊本

62	地理辨正補註　附　元空秘旨　天元五歌　玄空精髓　心法秘訣等數種合刊	【民國】胡仲言	貫通易理、巒頭、三元、三合、天星、中醫
63	地理辨正自解	【清】李思白	公開玄空家「分率尺、工部尺、量天尺」之秘
64	許氏地理辨正釋義	【民國】許錦灝	民國易學名家黃元炳力薦
65	地理辨正天玉經內傳要訣圖解	【清】程懷榮	秘訣一語道破，圖文并茂
66	謝氏地理書	【民國】謝復	玄空體用兼備、深入淺出
67	論山水元運易理斷驗、三元氣運說附紫白訣等五種合刊	【宋】吳景鸞等	失傳古本《玄空秘旨》《紫白訣》
68	星卦奧義圖訣	【清】施安仁	三元玄空門內秘笈　清鈔孤本 過去均為必須守秘不能公開秘密 與今天流行飛星法不同
69	三元地學秘傳	【清】何文源	
70	三元玄空挨星四十八局圖說	心一堂編	
71	三元挨星秘訣仙傳	心一堂編	
72	三元地理正傳	心一堂編	
73	三元天心正運	心一堂編	
74	元空紫白陽宅秘旨	心一堂編	
75	玄空挨星秘圖　附　堪輿指迷	心一堂編	
76	姚氏地理辨正圖說　附　地理九星并挨星真訣全圖　秘傳河圖精義等數種合刊	【清】姚文田等	蓮池心法　玄空六法 門內秘鈔本首次公開
77	元空法鑑批點本——附　法鑑口授訣要、秘傳玄空三鑑奧義匯鈔　合刊	【清】曾懷玉等	
78	元空法鑑心法	【清】曾懷玉等	
79	曾懷玉增批蔣徒傳天玉經補註【新修訂版原（彩）色本】	【清】項木林、曾懷玉	
80	地理學新義	【民國】俞仁宇撰	揭開連城派風水之秘
81	地理辨正揭隱（足本）　附連城派秘鈔口訣	【民國】王邈達	
82	趙連城傳地理秘訣附雪庵和尚字字金	【明】趙連城	
83	趙連城秘傳楊公地理真訣	【明】趙連城	
84	地理法門全書	仗溪子、芝罘子	巒頭風水，內容簡核、深入淺出
85	地理方外別傳	【清】熙齋上人	巒頭形勢、「望氣」「鑑神」
86	地理輯要	【清】余鵬	集地理經典之精要
87	地理秘珍	【清】錫九氏	巒頭、三合天星，圖文並茂
88	《羅經舉要》附《附三合天機秘訣》	【清】賈長吉	清鈔孤本羅經、三合訣法圖解
89-90	嚴陵張九儀增釋地理琢玉斧巒	【清】張九儀	清初三合風水名家張九儀經典清刻原本！

91	地學形勢摘要	心一堂編	形家秘鈔珍本
92	《平洋地理入門》《巒頭圖解》合刊	【清】盧崇台	平洋水法、形家秘本
93	《鑒水極玄經》《秘授水法》合刊	【唐】司馬頭陀、【清】鮑湘襟	千古之秘，不可妄傳匪人
94	平洋地理闡秘	心一堂編	雲間三元平洋形法秘鈔珍本
95	地經圖說	【清】余九皋	形勢理氣、精繪圖文
96	司馬頭陀地鉗	【唐】司馬頭陀	流傳極稀《地鉗》
97	欽天監地理醒世切要辨論	【清】欽天監	公開清代皇室御用風水真本
三式類			
98－99	大六壬尋源二種	【清】張純照	六壬入門、占課指南
100	六壬教科六壬鑰	【民國】蔣問天	由淺入深，首尾悉備
101	壬課總訣	心一堂編	過去術家不外傳的珍稀六壬術秘鈔本
102	六壬秘斷	心一堂編	
103	大六壬類闡	心一堂編	
104	六壬秘笈——韋千里占卜講義	【民國】韋千里	六壬入門必備
105	壬學述古	【民國】曹仁麟	依法占之，「無不神驗」
106	奇門揭要	心一堂編	集「法奇門」、「術奇門」精要
107	奇門行軍要略	【清】劉文瀾	條理清晰、簡明易用
108	奇門大宗直旨	劉毗	天下孤本　首次公開 虛白廬藏本《秘藏遁甲天機》 奇門不傳之秘　應驗如神
109	奇門三奇干支神應	馮繼明	
110	奇門仙機	題【漢】張子房	
111	奇門心法秘纂	題【漢】韓信（淮陰侯）	
112	奇門廬中闡秘	題【三國】諸葛武侯註	
選擇類			
113－114	儀度六壬選日要訣	【清】張九儀	清初三合風水名家張九儀擇日秘傳
115	天元選擇辨正	【清】一園主人	釋蔣大鴻天元選擇法
其他類			
116	述卜筮星相學	【民國】袁樹珊	民初二大命理家南袁北韋
117－120	中國歷代卜人傳	【民國】袁樹珊	南袁之術數經典